Dr. Heidemarie Borgwadt

Funktionen

© Springer Fachmedien Wiesbaden 1994

Ursprünglich erschienen bei Betriebswirtschaftlicher Verlag Dr. Th. Gabler GmbH, Wiesbaden 1994.

Lektorat: Annegret Dorn
Satz: I. Junge, Düsseldorf

ISBN 978-3-409-92197-8   ISBN 978-3-663-13395-7 (eBook)
DOI 10.1007/978-3-663-13395-7

Die Deutsche Bibliothek — CIP-Einheitsaufnahme

Borgwadt, Heidemarie:
Funktionen / Heidemarie Borgwadt. — Wiesbaden : Gabler, 1994
  (Gabler-Studientexte : Staatlich geprüfter Betriebswirt)
  ISBN 978-3-409-92197-8

Inhaltsverzeichnis

Verzeichnis der Rechenoperationen und Symbole

$+$: Addition, gelesen „plus"

$-$: Subtraktion, gelesen „minus"

$*$: Multiplikation, gelesen „mal"

$:$: Division, gelesen „durch"

$\sqrt{}$: Radizieren mit dem Wurzelexponenten 2, gelesen: „Quadratwurzel aus", „Wurzel aus"

$\sqrt[n]{}$: Radizieren mit dem Wurzelexponten $n \in$ IN, gelesen: „n-te Wurzel aus"

a^n : Potenzieren mit dem Exponenten $n \in$ IR, gelesen: „a hoch n"

$A \subseteq B$: A ist Teilmenge von B

$x \in X$: x ist Element der Menge X

$x \notin Y$: x ist nicht Element der Menge Y

$a \in \{b, c, a\}$: a ist Element der Menge mit den Elementen b, c, a

$A \times B$: Produktmenge der Mengen A und B

$f: x \rightarrow y$: Funktion

$f^{-1}: y \rightarrow x$: Umkehrfunktion

EE : Erzeugniseinheiten

ME : Mengeneinheiten

II : Zahlenbereich der irrationalen Zahlen

IN : Zahlenbereich der natürlichen Zahlen (ohne Null)

IQ : Zahlenbereich der rationalen Zahlen

IR : Zahlenbereich der reellen Zahlen

$\sim$: Proportionalitätszeichen

Hausarbeit des Studientextes Borgwadt, Funktionen (100 Punkte)

92197 MK

So ↑ kennzeichnen Sie bitte Ihre Lösungen

1. a) Zeichnen Sie die Graphen der folgenden linearen Funktionen in ein rechtwinkliges Koordinatensystem. Zeichnen Sie jeweils ein Steigungsdreieck ein. Bitte benutzen Sie zum Zeichnen der Funktionen das beigelegte Lösungsblatt. (4 Punkte)

$$f: x \to -0,75 * x + 6 \qquad g: x \to 3 * x - 3$$

b) Berechnen Sie die Nullstellen von f und g. (2 Punkte)

c) Berechnen Sie das Argument von f, für $f(x) = 9$. (1 Punkt)

d) Berechnen Sie das geordnete Zahlenpaar, für das $f(x) = g(x)$. (1 Punkt)

2. Gegeben ist die lineare Nachfragefunktion

$$n: x \to n(x) = p = -\frac{1}{10} * x + 3,5$$

und die lineare Angebotsfunktion

$$a: x \to a(x) = p = \frac{1}{5} * x + 0,5 \qquad \text{p in DM/ME und x in ME}$$

a) Bei welchem Preis ist die Nachfrage nach dem Erzeugnis gleich Null? (2 Punkte)

b) Bei welchem Preis wird das Erzeugnis überhaupt nicht angeboten? (2 Punkte)

c) Bei welchem Preis stimmen Angebot und Nachfrage nach dem Erzeugnis überein? (3 Punkte) Welche Mengeneinheiten von dem Erzeugnis werden dann angeboten und gleichzeitig nachgefragt? (2 Punkte)

d) Bestimmen Sie das Marktgleichgewicht zeichnerisch. Benutzen Sie dazu bitte das beigelegte Lösungsblatt. (3 Punkte)

3. Für die Herstellung eines bestimmten Erzeugnisses wurden in einem Unternehmen die folgenden Daten ermittelt:
- Die Kosten pro Mengeneinheit des Erzeugnisses betragen $k(x) = 0,60$ (DM/ME).
- Unabhänig von der Ausbringung fallen Fixkosten in Höhe von $F = 4$ (DM) an.
- Der Preis für eine Mengeneinheit des Erzeugnisses beträgt 2,60 (DM/ME).

a) Geben Sie die Zuordnungsvorschrift der Gesamtkostenfunktion an. (4 Punkte)

b) Geben Sie die Zuordnungsvorschrift der Erlösfunktion an. (4 Punkte)

c) Geben Sie die Zuordnungsvorschrift der Gewinnfunktion an. (4 Punkte)

d) Ermitteln Sie zeichnerisch und rechnerisch den Break-Even-Punkt. Bitte benutzen Sie dazu das beigelegte Lösungsblatt. (4 Punkte)

e) Berechnen Sie den Break-Even-Erlös und die Break-Even-Kosten. (4 Punkte)

4. Untersuchungen in einem Unternehmen haben die folgende Gesamtkostenfunktion für die Produktion eines bestimmten Erzeugnisses ergeben:

$$K(x) = x^3 - 200 * x^2 + 10\,200 * x \qquad \text{x in ME und K(x) in TDM}$$

Damit Angebot und Nachfrage stets übereinstimmen, müssen mindestens 50 ME und höchstens 200 ME produziert werden.

(Bitte wenden)

a) Geben Sie die Zuordnungsvorschrift der zugehörigen Durchschnittskosten an.

(3 Punkte)

b) Skizzieren Sie den Graphen der Durchschnittskostenfunktion. Benutzen Sie dazu bitte das beigefügte Lösungsblatt. Geben Sie den Scheitelpunkt an. (4 Punkte)

c) Bei welcher Ausbringung sind die Durchschnittskosten minimal? Wie hoch sind die minimalen Durchschnittskosten? Wie hoch sind die zugehörigen Gesamtkosten?

(6 Punkte)

d) Bei welchem Produktionsumfang sind die Durchschnittskosten maximal? Wie hoch sind die maximalen Durchschnittskosten? (3 Punkte)

5. In einem Unternehmen fallen bei der Produktion eines bestimmten Erzeugnisses Fixkosten in Höhe von 2 TDM an. Geben Sie die Zuordnungsvorschrift der Gesamtkostenfunktion an, die nur die Fixkosten berücksichtigt! (2 Punkte)

Geben Sie die Zuordnungsvorschrift der zugehörigen Durchschnittskostenfunktion an.

(2 Punkte)

Wie hoch sind die Durchschnittskosten bei der Produktion von 4 ME des Erzeugnisses? (2 Punkte)

Zeichnen Sie den Graph der Durchschnittskostenfunktion. Benutzen Sie bitte das beigelegte Lösungsblatt. (4 Punkte)

6. In einem Unternehmen werden zwei verschiedene Erzeugnisse hergestellt. Das notwendige Rohmaterial steht nur in begrenztem Umfang zur Verfügung und die zu nutzende Maschine hat eine begrenzte Maschinenzeit. Die verschiedenen Einsatzkoeffizienten, die den Bedarf der Einsatzgröße pro einer Erzeugniseinheit angeben und die verfügbaren Kapazitäten sind der folgenden Tabelle zu entnehmen:

Einsatzgrößen	Einsatzkoeffizienten		Verfügbare Kapazitäten
	E_1 (in EE)	E_2 (in EE)	
Rohmaterial (in RE)	8 (in RE/EE)	8 (in RE/EE)	112 (in RE)
Maschinenzeit (in h)	3 (in h/RE)	12 (in h/RE)	132 (in h)

Damit Angebot und Nachfrage stets übereinstimmen, müssen mindestens 3 EE von beiden Erzeugnissen produziert werden.

Für jeweils eine Erzeugniseinheit der beiden Erzeugnisse wurden verschiedene Varianten für die Preise erarbeitet.

Variante 1: $z_1 = 2$ (DM/EE) $z_2 = 8$ (DM/EE)
Variante 2: $z_1 = 4$ (DM/EE) $z_2 = 2$ (DM/EE)
Variante 3: $z_1 = 3$ (DM/EE) $z_2 = 6$ (DM/EE)

Das Unternehmen möchte ein Produktionsprogramm realisieren, bei dem der Erlös beim Absatz der Erzeugnisse maximal ist. Stellen Sie zu jeder Variante die zugehörige Optimierungsaufgabe auf. Die Restriktionen brauchen nur einmal dargestellt zu werden. Bitte beginnen Sie bei der Lösung mit der Variante 1 (20 Punkte) und berechnen Sie danach die Lösung für Variante 2 (7 Punkte) und Variante 3 (7 Punkte).

Lösen Sie für jede Variante die lineare Optimierungsaufgabe graphisch. Benutzen Sie bitte das beigelegte Lösungsblatt zum Zeichnen der Menge der zulässigen Lösungen und der drei verschiedenen Lösungsfunktionen.

Geben Sie die Erzeugniseinheiten von E_1 und E_2 an, die produziert werden müssen, um einen maximalen Erlös zu erzielen. (Gibt es unendlich viele optimale Lösungen, dann geben Sie mindestens zwei an). Geben Sie jeweils den optimalen Funktionswert der Zielfunktion an. Welche verfügbaren Kapazitäten an Rohmaterial und Maschinenzeit werden bei Durchführung des jeweils optimalen Produktionsprogramms nicht genutzt?

Lösungsbogen zur Hausarbeit des Studientextes Borgwadt, Funktionen

So ↑ kennzeichnen Sie bitte Ihre Lösungen

Benutzen Sie zur Lösung der zeichnerischen Aufgabenstellungen dieses Lösungsblatt und schicken Sie dieses zusammen mit Ihren Lösungsbögen ein.

Zu Aufgabe 1 a)   Graphen der Funktionen $f(x)$ und $g(x)$ einschließlich Steigungsdreiecke.

(4 Punkte)

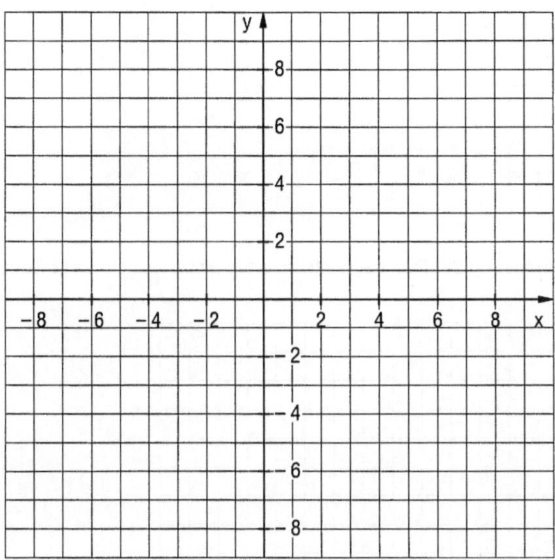

Zu Aufgabe 2 d)   Zeichnerische Bestimmung des Marktgleichgewichts.   (3 Punkte)

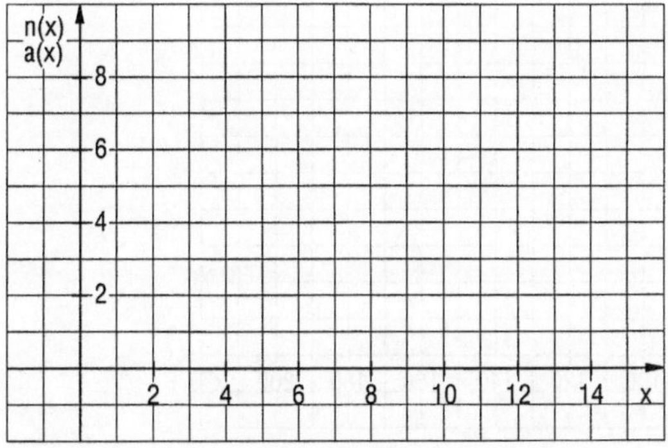

Zu Aufgabe 3 d)   Graphische Bestimmung des Break-Even-Punktes.   (2 Punkte)

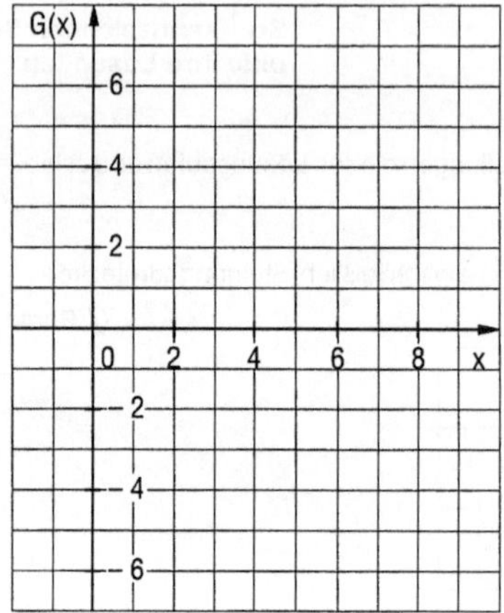

Zu Aufgabe 4 b)   Graphische Darstellung der Durchschnittskostenfunktion.   (2 Punkte)

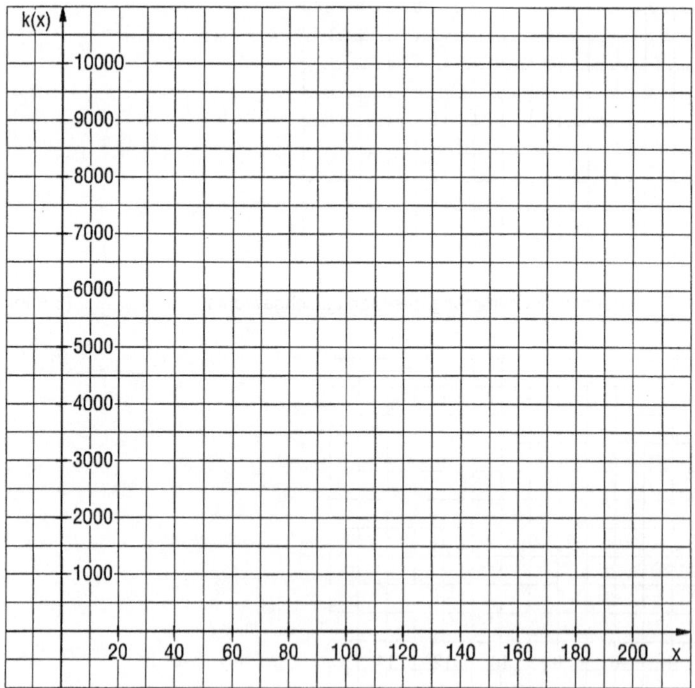

Zu Aufgabe 5)   Graph der Durchschnittskostenfunktion.   (4 Punkte)

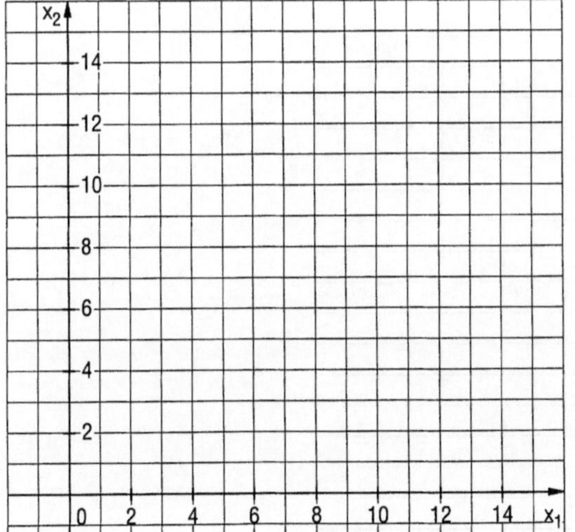

Zu Aufgabe 6)   Graphische Lösung der linearen Optimierungsaufgabe.   (6 Punkte)

Variante 1

Variante 2

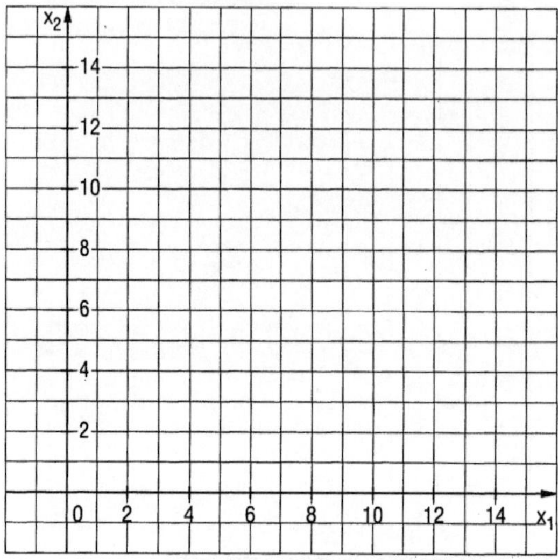

Variante 3

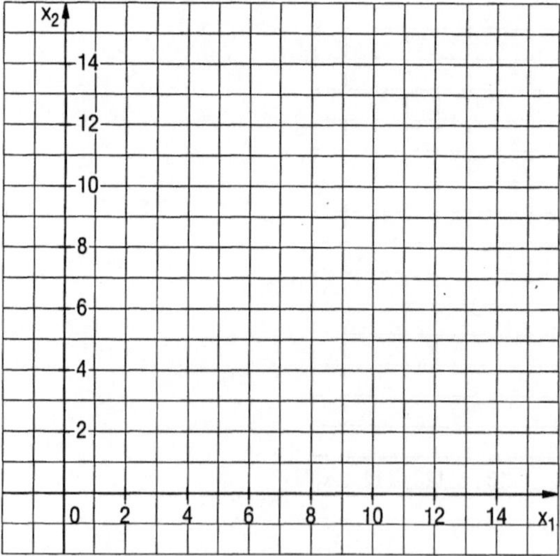

1. Der Funktionsbegriff

Lernziele:

Sie können zwischen eindeutigen, eineindeutigen und mehrdeutigen Zuordnungen unterscheiden. Sie können den Begriff der reellen Funktion erklären und Eigenschaften verschiedener Funktionen angeben.

1.1 Funktionen in einer beliebigen Menge

Im Studientext Algebraische Grundlagen lernten Sie den Begriff der Produktmenge $A \times B$ zweier Mengen A und B kennen. Wird die Produktmenge aus der Menge der natürlichen Zahlen IN und der Menge der reellen Zahlen IR gebildet, so entsteht eine Menge von geordneten Zahlenpaaren $(n \mid b)$, in denen an erster Stelle stets eine natürliche Zahl n und an zweiter Stelle eine reelle Zahl b steht. Im Studientext Finanzmathematik wurde eine reelle Zahlenfolge definiert als eine Teilmenge der Produktmenge $IN \times IR$ mit der Eigenschaft, daß jeder an der Paarbildung beteiligten natürlichen Zahl genau eine reelle Zahl zugeordnet ist. Auch der Funktionsbegriff beruht auf dem Begriff der Produktmenge $A \times B$ zweier Mengen und der Forderung, daß jedem an der Paarbildung beteiligten Element der Menge A genau ein Element der Menge B zugeordnet ist.

Beispiel:
Die Menge A enthalte als Elemente die Namen von sieben verschiedenen Kunden einer bestimmten Sparkasse: $A = \{a, b, c, d, e, f, g\}$.
Die Menge B sei die Menge, die als Elemente acht verschiedene Nummern von Sparbüchern der betrachteten Sparkasse enthält:
$B = \{111, 112, 113, 114, 115, 116, 117, 118\}$.
Die Menge C sei die Menge, die als Elemente acht verschiedene Nummern von Spargirokonten enthält: $C = \{511, 512, 513, 514, 515, 516, 517, 518\}$.
Zwischen den Namen und den Sparbüchern beziehungsweise zwischen den Namen und den Spargirokontonummern bestehen die folgenden Zuordnungen:

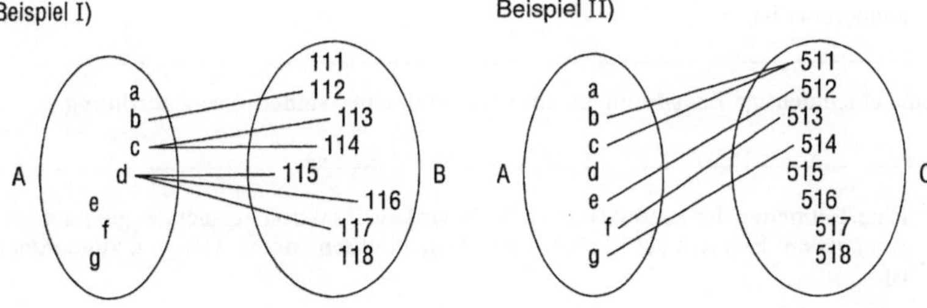

a) Entscheiden Sie, ob die Zuordnungen eindeutig sind oder nicht.
b) Schreiben Sie die Zuordnungen als Mengen von geordneten Paaren.

Lösung:
Die Zuordnung in Beispiel I ist nicht eindeutig, da es mindestens ein Element der Menge A gibt, dem mehr als ein Element der Menge B zugeordnet ist. Dem Element d der Menge A sind nämlich die Elemente 115, 116 und 117 zugeordnet, d. h. ein Kunde hat drei Sparbücher in der betreffenden Sparkasse.

Die Zuordnung in Beispiel II ist eindeutig, da jeder Kunde genau ein Girokonto in dieser Sparkasse führt. Es kommt aber vor, daß Ehepaare ein gemeinsames Girokonto besitzen, so daß zwei verschiedenen Elementen der Menge A (im Beispiel b und c) ein Element der Menge B (im Beispiel 511) zugeordnet wird.

Die Zuordnung in Beispiel I bezeichnet man als mehrdeutig und die Zuordnung in Beispiel II ist eindeutig.

Beispiel I $= \{(b;112), (c;113), (c;114), (d;115), (d;116), (d;117)$
Beispiel II $= \{b;511), (c;511), (e;512), (f;513), (g;514)\}$

Definition

> Eine Teilmenge der Produktmenge A×B wird als mehrdeutige Zuordnung bezeichnet genau dann, wenn es ein Element der Menge A gibt, dem mehr als ein Element der Menge B zugeordnet wird.

Definition

> Eine Teilmenge der Produktmenge A×B wird als eindeutige Zuordnung bezeichnet genau dann, wenn jedem Element der Menge von A genau ein Element einer Teilmenge von B zugeordnet wird.

Würde die Sparkasse keine Gemeinschaftsgirokonten zulassen, so würde jedem Kunden, der ein Girokonto bei der Sparkasse besitzt, genau eine Girokontonummer zugeordnet sein und außerdem würde wiederum jeder ausgegebenen Girokontonummer genau ein Kunde zugeordnet sein. In einem solchen Falle spricht man von einer eineindeutigen Zuordnung.

Es ist nicht notwendig, daß an einer Paarbildung alle Elemente der Menge A und alle Elemente der Menge B beteiligt sind.

Definition

> Eine Teilmenge der Produktmenge A×B wird als eineindeutige Zuordnung bezeichnet genau dann, wenn jedem Element der Menge A genau ein Element der Menge B zugeordnet ist und jedem Element der Menge B genau ein Element der Menge A zugeordnet ist.

Eine eineindeutige Zuordnung ist ein Sonderfall einer eindeutigen Zuordnung.

Definition

> Eine Teilmenge der Produktmenge A×B wird als Funktion bezeichnet genau dann, wenn jedem Element der Menge A eindeutig ein Element der Menge B zugeordnet ist.

1.2 Reelle Funktionen

Beispiel:
Die Aussage „Die Summe zweier Zahlen ist 6" sei gegeben.
a) Geben Sie alle natürlichen Zahlen an, für die die Aussage wahr ist.
b) Eine der beiden Zahlen soll eine natürliche Zahl größer als 5 sein. Geben Sie einige Zahlenpaare an, die die Gleichung in eine wahre Aussage überführen.
c) Geben Sie irrationale Zahlen an, für die die Aussage wahr ist.

Lösung:
Wir führen die Bezeichnungen x und y für die gesuchten Zahlen ein. Die Formalisierung der Aussage ergibt die Gleichung: $x + y = 6$.

a) $x \in \mathrm{IN}$ und $y \in \mathrm{IN}$.

Es gibt nur endlich viele geordnete Paare von natürlichen Zahlen, die die Gleichung in eine wahre Aussage überführen. Diese geordneten Zahlenpaare (x;y) können zweckmäßigerweise in einer Wertetabelle dargestellt werden. In die erste Zeile werden die Zahlen für x und in die zweite Zeile die zugehörigen Zahlen für y eingetragen.

x	1	2	3	4	5
y	5	4	3	2	1

b) $x \in \mathrm{IN}$ und $x > 5$ und $x + y = 6$

x	6	7	8	9	10	.....
y	0	-1	-2	-3	-4	.....

Es gibt unendlich viele Zahlenpaare, die die Gleichung erfüllen. Wenn x eine natürliche Zahl größer als 5 ist, dann ist y eine ganze Zahl kleiner oder gleich 0.

c) $x \in \mathrm{II}$ und $x + y = 6$.

Zur Berechnung geordneter Zahlenpaare (x;y) ist es zweckmäßig, die Gleichung nach einer Variablen aufzulösen.

Die Frage kann dann folgendermaßen formuliert werden: Welche reelle Zahl y muß einer gegebenen irrationalen Zahl x zugeordnet werden, damit die Gleichung $y = 6 - x$ in eine wahre Aussage überführt wird?
Es gibt unendlich viele Zahlenpaare (x;y), die die Gleichung in eine wahre Aussage überführen:

x	$\sqrt{2}$	$\sqrt{3}$	$-\sqrt{2}$	$-\sqrt{3}$	...
y	$6-\sqrt{2}$	$6-\sqrt{3}$	$6+\sqrt{2}$	$6+\sqrt{3}$	...

Wird jedem $x \in \mathrm{IR}$ eindeutig ein $y \in \mathrm{IR}$ zugeordnet, so entsteht eine Menge von geordneten Zahlenpaaren, die als reelle Funktion f bezeichnet wird.

Die Funktion $f = \{(x, y): x \in \mathrm{IR}$ und $y = 6 - x\}$ aus obigem Beispiel ist eine eineindeutige Zuordnung der Elemente der Menge der reellen Zahlen zu den Elementen der Menge der reellen Zahlen. Zu jedem x gibt es genau ein y und auch zu jedem y gibt es genau ein x.

Beispiel:
Geben Sie reelle Zahlen an, für die gilt:
Die Summe aus dem Quadrat einer reellen Zahl und einer anderen reellen Zahl ist gleich Null.

Lösung:
Mit den Bezeichnungen $x \in IR$ und $y \in IR$ ist die folgende Gleichung zu lösen:

$$x^2 + y = 0 \quad \text{beziehungsweise} \quad y = -x^2.$$

x	-3	-2	-1	$-1/2$	0	1/2	1	2	3
y	-9	-4	-1	$-1/4$	0	$-1/4$	-1	-4	-9

Die Menge der geordneten Zahlenpaare $f = \{(x, y): x \in IR$ und $y = -x^2\}$ ist eine reelle Funktion. Zu jeder reellen Zahl x gibt es genau eine reelle Zahl y. Es gibt aber mindestens zwei verschiedene $x \in R$, denen genau ein $y \in IR$ zugeordnet ist.

Beispiel:
Geben Sie reelle Zahlen an, für die gilt: Die Summe der Quadrate zweier reeller Zahlen ist 1.

Lösung:
Es sind die Lösungen der Gleichung $x^2 + y^2 = 1$ zu ermitteln.

Für x können nur reelle Zahlen aus dem abgeschlossenen Intervall

$$-1 \leq x \leq 1 \quad \text{beziehungsweise} \quad x \in [-1, 1]$$

eingesetzt werden. Einige geordnete Zahlenpaare sind der folgenden Tabelle zu entnehmen.

x	0	0	1	-1	1/2	1/2	$-1/2$	$-1/2$	...
y	1	-1	0	0	$\dfrac{\sqrt{3}}{2}$	$-\dfrac{\sqrt{3}}{2}$	$\dfrac{\sqrt{3}}{2}$	$-\dfrac{\sqrt{3}}{2}$	...

Da es mindestens eine reelle Zahl x gibt, der mehr als eine reelle Zahl zugeordnet ist, handelt es sich bei der Menge von geordneten Zahlenpaaren

$$M = \{(x, y): x \in [-1, 1] \text{ und } x^2 + y^2 = 1\}$$

um keine Funktion.

In Abbildung 1 sind die drei Fälle, die bei der Bildung einer Menge von geordneten Zahlenpaaren auftreten können, dargestellt.

Definition

> Eine Teilmenge der Produktmenge $IR \times IR$ heißt reelle Funktion genau dann, wenn jeder an der Paarbildung beteiligten reellen Zahl x eindeutig eine reelle Zahl y zugeordnet ist.

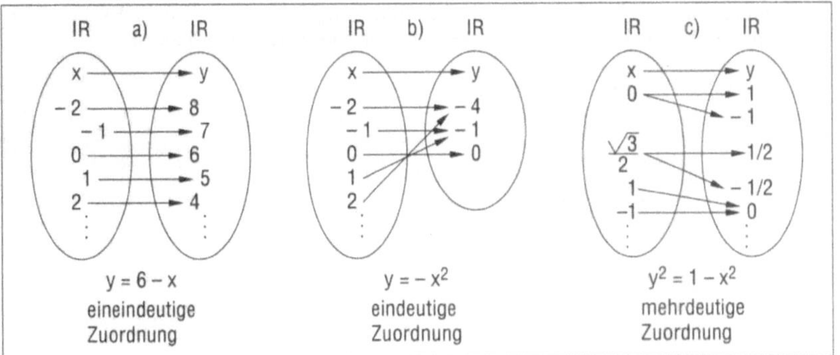

Abbildung 1: Eineindeutige, eindeutige und mehrdeutige Zuordnungen

Eine Menge D(f) heißt Definitionsmenge der Funktion f genau dann, wenn es zu jedem $x \in$ D(f) ein y gibt, so daß das geordnete Paar (x, y) $\in$ f ist.

$f = \{(x, y) : x \in D(f) \subseteq IR$ und $y = f(x)\}$
Reelle Funktion f als Menge von geordneten Paaren reeller Zahlen

$f: x \rightarrow f(x), x \in D(f) \subseteq IR$
Reelle Funktion f als eindeutige Zuordnung der reellen Zahlen x der Definitionsmenge von f zu den reellen Zahlen f(x)

x   : unabhängige Variable, Argument, Urbild
y   : abhängige Variable, Bild, Funktionswert von x
y = f(x) : Funktionsgleichung

Eine Menge W(f) heißt Wertemenge der Funktion f genau dann, wenn es zu jedem $y \in$ W(f) ein x gibt, so daß das geordnete Paar (x, y) $\in$ f ist.

(1) Die graphische Darstellung von reellen Funktionen

Reelle Funktionen werden in einem rechtwinkligen Koordinatensystem dargestellt. Auf der waagerechten Achse, der x-Achse oder der Abszisse, werden die Elemente x der Definitionsmenge der Funktion abgetragen. Auf der senkrechten Achse, der y-Achse oder der Ordinate, werden die Elemente y der Wertemenge der Funktion abgetragen. Jedem geordneten Zahlenpaar (x;y) wird eindeutig ein Punkt P(x|y) im Koordinatensystem zugeordnet. Von der Menge der geordneten Zahlenpaare entsteht ein Bild, das als Graph der Funktion bezeichnet wird. Da bei den reellen Funktionen sowohl die Definitionsmenge als auch die Wertemenge unendliche Mengen sind, können Wertetabellen nur Vorstellungen über den Funktionsgraphen vermitteln. Im allgemeinen sind umfangreiche Kurvendiskussionen notwendig, um den Graphen einer Funktion skizzieren zu können. Kurvendiskussionen sind nicht Gegenstand dieses Studientextes.

In Abbildung 2 ist der Graph einer nicht eineindeutigen Funktion dargestellt. Es gibt zwei Argumente, z. B. x_2 und x_3, denen der gleiche Funktionswert zugeordnet ist.

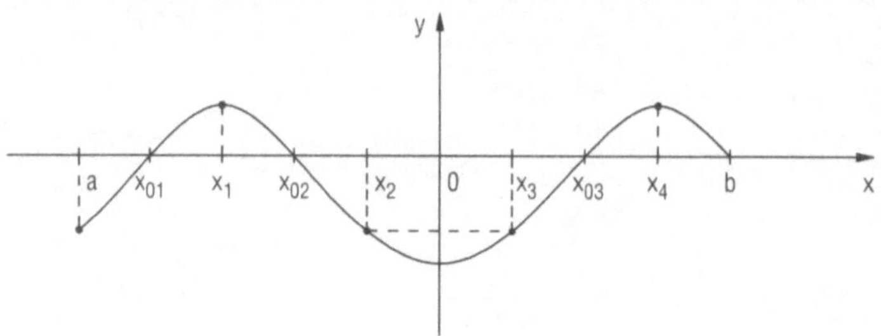

Abbildung 2: Graph einer nicht eineindeutigen Funktion

(2) Eigenschaften reeller Funktionen

Für reelle Funktionen sollen nun einige Eigenschaften definiert werden, die in den folgenden Abschnitten für spezielle reelle Funktionen untersucht werden.

Definition

> Die reelle Zahl x_0 heißt Nullstelle der reellen Funktion f genau dann, wenn $f(x_0) = 0$.

Die reelle Funktion in Abbildung 2 besitzt die Nullstellen x_{01}, x_{02}, x_{03}.

Definition

> Eine reelle Funktion f ist im abgeschlossenen Intervall $[a, b] \subseteq D(f)$ streng monoton wachsend genau dann, wenn für alle $x_1 \in [a, b]$ und $x_2 \in [a, b]$ gilt:
>
> Eine reelle Funktion f ist im abgeschlossenen Intervall $[a, b] \subseteq D(f)$ streng monoton fallend genau dann, wenn für alle $x_1 \in [a, b]$ und $x_2 \in [a, b]$ gilt:
> wenn $x_1 < x_2$, dann $f(x_1) > f(x_2)$.

Die Funktion in Abbildung 2 ist in den Intervallen $[a, x_1]$ und $[0, x_4]$ streng monoton wachsend. In den Intervallen $[x_1, 0]$ und $[x_4, b]$ ist sie streng monoton fallend.

Aufgaben zur Selbstüberprüfung:

> 1. Gegeben sind die folgenden Produktmengen:
>
>   a) $g = \{(x, y): x \in \mathrm{IR}$ und $y^2 = x + 1\}$
>   b) $h = \{(x, y): x \in \mathrm{IR}$ und $y = x^2 - 3\}$
>   c) $i = \{(x, y): x \in \mathrm{IR}$ und $y = 2x + 4\}$
>
>   Entscheiden Sie, ob es sich um Funktionen handelt. Wenn ja, dann geben Sie an, ob sie eindeutig oder eineindeutig sind.

2. Lineare Funktionen

Lernziele:

> Sie können erklären, daß eine lineare Funktion eine spezielle reelle Funktion ist. Sie können die Graphen linearer Funktionen zeichnen. Von gegebenen linearen Funktionen können Sie die Eigenschaften bestimmen und die Schnittpunkte der Graphen zweier Funktionen zeichnerisch und rechnerisch ermitteln.

2.1 Begriff und graphische Darstellung linearer Funktionen

Definition

> Eine reelle Funktion f heißt lineare Funktion genau dann, wenn gilt:
>
> $f: x \rightarrow a_1 x + a_0$ mit $a_1 \in IR, a_0 \subset IR$.

Bezeichnungen

$$
\begin{array}{ll}
a_0 & : \text{absolutes Glied} \\
a_1 & : \text{Steigungsfaktor, Anstieg} \\
a_1 x & : \text{lineares Glied} \\
f(x) = a_1 x + a_0 & : \text{Funktionsgleichung}
\end{array}
$$

Es soll nun untersucht werden, wie die Graphen linearer Funktionen in einem Koordinatensystem verlaufen. Dazu unterscheiden wir Sonderfälle.

(1) Das absolute Glied ist Null und der Steigungsfaktor ist ungleich Null

Sonderfall 1

Die Funktionsgleichung lautet in diesem Falle: $f(x) = y = a_1 x$ für $a_1 \neq 0$.

Das geordnete Zahlenpaar $(x;y) = (0;0)$ ist ein Element aller dieser Funktionen. Somit gehen die Graphen aller dieser Funktionen durch den Koordinatenursprung $O(0|0)$.

Zwischen x und f(x) besteht eine direkte Proportionalität. Die Schreibweise $f(x) \sim x$ bedeutet, die Funktionswerte sind direkt proportional zu den x-Werten. Bei direkter Proportionalität ist das Verhältnis aus den Funktionswerten und den zugehörigen Argumenten für alle Zahlenpaare konstant.

Proportionalität

Der konstante Faktor a_1 wird als Proportionalitätsfaktor bezeichnet: $\dfrac{f(x)}{x} = a_1$

Beispiel:
Zeichnen Sie die Graphen der folgenden Funktionen mit Hilfe von Wertetabellen:

$$f_1: x \rightarrow x \qquad f_3: x \rightarrow 2x \qquad f_5: x \rightarrow - x$$

$$f_2: x \rightarrow \frac{1}{2} x \qquad f_4: x \rightarrow - \frac{1}{2} x \qquad f_6: x \rightarrow - 2x$$

Lösung:
Zur Anfertigung der Wertetabellen sollten Sie x-Werte aus der Umgebung des Koordinatenursprungs auswählen und diese in die erste Zeile eintragen. Die zugehörigen Funktionswerte werden mit Hilfe der Funktionsgleichung berechnet und in die zweite Zeile eingetragen.

x	-3	-2	-1	0	1	2	3
$f_1(x) = x$	-3	-2	-1	0	1	2	3
$f_2(x) = \frac{1}{2}x$	$-1,5$	-1	$-0,5$	0	0,5	1	1,5
$f_3(x) = 2x$	-6	-4	-2	0	2	4	6
$f_4(x) = -\frac{1}{2}x$	1,5	1	0,5	0	$-0,5$	-1	$-1,5$
$f_5(x) = -x$	3	2	1	0	-1	-2	-3
$f_6(x) = -2x$	6	4	2	0	-2	-4	-6

Gerade

Jedem geordneten Zahlenpaar (x;y) wird genau ein Punkt $P(x|y)$ des Koordinatensystems zugeordnet. Der Graph einer linearen Funktion $f: x \rightarrow a_1 x$ ist eine Gerade, die durch zwei Punkte eindeutig bestimmt ist. Die Punkte sind OP_1, OP_2, OP_3, OP_4, OP_5 und OP_6 für die Graphen der Funktionen f_1, f_2, f_3, f_4, f_5 und f_6.

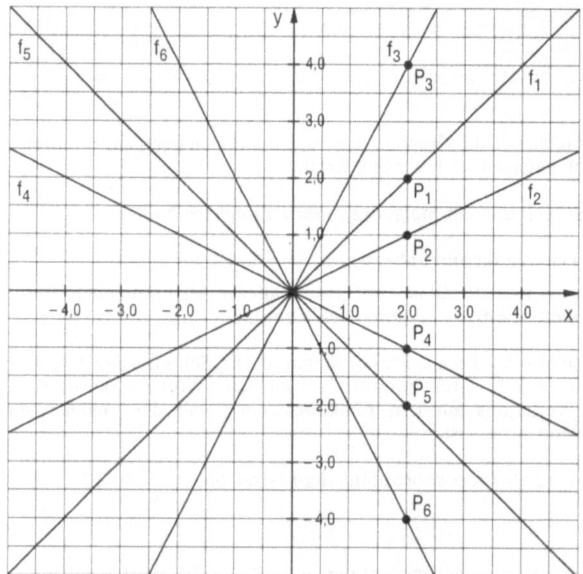

Abbildung 3: Die Graphen von linearen Funktionen $f: x \rightarrow a_1 x$

Das folgende Beispiel soll Ihnen helfen, die Eigenschaften der linearen Funktionen f: x → a₁x in Abhängigkeit von dem konstanten Faktor a₁ zu ermitteln.

Einfluß des
Steigungsfaktors

Fall 1.1: a₁ = 1
Aus der Funktionsgleichung $f_1(x) = x$ geht hervor, daß in jedem geordneten Zahlenpaar (x;y) dem x-Wert ein gleichgroßer Funktionswert y zugeordnet ist. Die Aufstellung einer Wertetabelle und die Eintragung einiger Punkte in ein rechtwinkliges Koordinatensystem zeigen, daß alle Punkte auf einer Geraden liegen, die einen Winkel von 45° mit der x-Achse bildet.

Fall 1.2: 0 < a₁ < 1
Der Graph der Funktion ist eine Gerade, die einen Winkel mit der positiven x-Achse bildet, der kleiner als 45° ist.

Fall 1.3: 1 < a₁
Der Graph der Funktion ist eine Grade, die einen Winkel mit der positiven x-Achse bildet, der größer als 45° und kleiner als 90° ist.

Fall 1.4: − 1 < a₁ < 0
Der Graph ist eine Gerade, die mit der positiven x-Achse einen Winkel bildet, der größer als 135° und kleiner als 180° ist.

Fall 1.5: a₁ = − 1
Die Gerade bildet mit der positiven x-Achse einen Winkel von 135°.

Fall 1.6: a₁ < − 1
Die Gerade bildet mit der positiven x-Achse einen Winkel, der größer als 90° und kleiner als 135° ist.

Wiederholung

> 1. Der Graph einer Funktion f: x → a₁x ist eine Gerade durch den Koordinatenursprung (0|0).
> 2. Der Proportionalitätsfaktor a₁ ist ein Maß für den Anstieg der Geraden.
> 3. Ist der Anstieg positiv, dann gilt für alle $x_1 \in IR$ und $x_2 \in IR$: Wenn $x_1 < x_2$, dann $a_1 * x_1 < a_2 * x_2$.
>   Für $a_1 > 0$ ist die lineare Funktion streng monoton wachsend.
> 4. Ist der Anstieg negativ, dann gilt für alle $x_1 \in IR$ und $x_2 \in IR$: Wenn $x_1 < x_2$, dann $a_1 * x_1 > a_1 * x_2$.
>   Für $a_1 < 0$ ist eine lineare Funktion streng monoton fallend.

Steigungs-
dreieck

Das Steigungsdreieck für den Graphen einer linearen Funktion soll zunächst nur für den Fall beschrieben werden, daß das absolute Glied gleich Null ist. Da der Anstieg a₁ konstant ist und sich als das Verhältnis der Funktionswerte f(x) = y zu den zugehörigen Argumenten x darstellen läßt

$$a_1 = \frac{f(x)}{x} = \frac{y}{x}$$

kann man zur graphischen Darstellung einer linearen Funktion das sogenannte Steigungsdreieck benutzen. Ein Steigungsdreieck des Graphen der Funktion f: x → a₁x kann durch die Punkte O(0|0), A(1|0) und B(1|a₁) gezeichnet werden. Alle Steigungsdreiecke einer linearen Funktion f: x → a₁x sind ähnlich zu dem Dreieck OAB.

Da für die Funktion f₁

$$a_1 = \frac{a_1 x}{x} = 1 = \frac{1}{1} = \frac{2}{2} = \frac{3}{3} = \ldots = \frac{x_1}{x_1} \quad (x \neq 0 \text{ und } x_1 \nleq 0), \quad \text{ist ein beliebiges Stei-}$$

gungsdreieck ein rechtwinkliges gleichschenkliges Dreieck. Die gleichlangen Katheten sind parallel zur x-Achse beziehungsweise parallel zur y-Achse.

Beispiel:
Zeichnen Sie jeweils ein Steigungsdreieck für die Funktionen

$$f_1\colon x \to x, \quad f_2\colon x \to \frac{1}{2}\,x, \quad f_3\colon x \to 2x, \quad f_4\colon -\frac{1}{2}\,x, \quad f_5\colon x \to -x, \quad f_6\colon x \to -2x$$

Lösung:
Für die Funktion f_2 gilt:

$$a_1 = \frac{1}{2} = \frac{\frac{1}{2}}{1} = \frac{2}{4} = \frac{-1}{-2} = \frac{-\frac{1}{2}}{-1}$$

Ein beliebiges Steigungsdreieck ist ähnlich zu einem rechtwinkligen Dreieck, bei dem die zur x-Achse parallele Kathete 1 Einheit und die zur y-Achse parallele Kathete 1/2 Einheit beträgt. Ein Steigungsdreieck des Graphen der Funktion f_2 geht durch die Punkte $O(0|0)$, $A(1|0)$, $B_2(1|\frac{1}{2})$. Ein anderes Steigungsdreieck dieser Funktion geht durch die Punkte $O(0|0)$, $Q(2|0)$, $P_2(2|1)$.

Der Graph der Funktion f_3 hat zum Beispiel das Steigungsdreieck $O(0|0)$, $A(1|0)$, $B_3(1|2)$ oder das Steigungsdreieck $O(0|0)$, $Q(2|0)$, $P_3(2|4)$.

Die Funktion f_6 hat den Anstieg

$$a_1 = -2 = \frac{-2}{1} = \frac{2}{-1} = \frac{-4}{2} = \frac{4}{-2}$$

Der Graph der Funktion f_6 hat beispielsweise die Steigungsdreiecke $O(0|0)$, $A(1|0)$, $B_6(1|-2)$ oder $O(0|0)$, $Q(2|0)$, $P_6(2|-4)$.

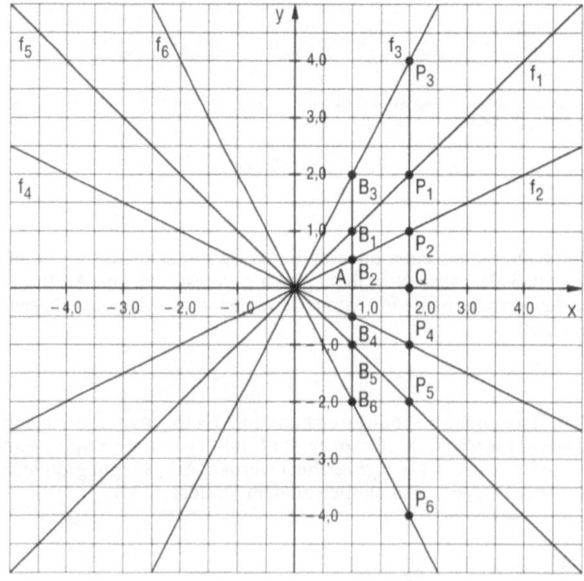

Abbildung 4: Steigungsdreiecke linearer Funktionen f: $x \to a_1 x$

10

Steigungsdreiecke können auch in zwei beliebigen Punkten $U(x_2, y_2)$ und $V(x_3, y_3)$ oder $R(x_4, y_4)$ und $S(x_5, y_5)$ des Graphen einer Funktion f: $x \rightarrow a_1 x$ gezeichnet werden.

Das kann folgendermaßen begründet werden:

$$a_1 = \frac{f(x_3) - f(x_2)}{x_3 - x_2} = \frac{a_1 * x_3 - a_1 * x_2}{x_3 - x_2} = \frac{a_1 (x_3 - x_2)}{x_3 - x_2} \quad \text{für } x_3 - x_2 \neq 0$$

In Abbildung 4 wurden die Punkte $U(2|-1)$ und $V(4|-2)$ beziehungsweise $R(-3|1{,}5)$ und $S(-6|3)$ des Graphen der Funktion f_4: $x \rightarrow -\frac{1}{2} x$ zur Veranschaulichung genutzt.

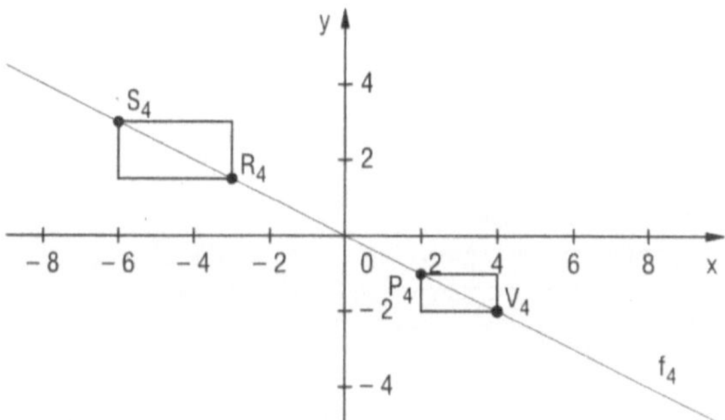

Abbildung 5: Steigungsdreiecke des Graphen der Funktion f_4: $x \rightarrow -\frac{1}{2} x$

(2) Das absolute Glied a_0 und der Steigungsfaktor a_1 der linearen Funktionen sind ungleich Null   **Sonderfall 2**

Die lineare Funktion besitzt somit die Funktionsgleichung

$f(x) = a_1 x + a_0$, wobei $a_1 \neq 0$ und $a_0 \neq 0$.

Es muß untersucht werden, welchen Einfluß das absolute Glied a_0 auf den Graphen der Funktion hat.

Beispiel:
Gegeben sind die Funktionen f_2: $x \rightarrow \frac{1}{2} x + 0$, f_{21}: $x \rightarrow \frac{1}{2} x + 3$ und

f_{22}: $x \rightarrow \frac{1}{2} x - 4$.

Fertigen Sie Wertetabellen für die drei Funktionen an, wobei $x \in \{-3, -2, -1, 0, 1, 2, 3\}$. Skizzieren Sie die Graphen der drei Funktionen. Zeichnen Sie für jeden Graphen ein Steigungsdreieck.

Lösung:

x	-3	-2	-1	0	1	2	3
$y = \dfrac{1}{2}\,x + 0$	$-1,5$	-1	$-0,5$	0	0,5	1	1,5
$y = \dfrac{1}{2}\,x + 3$	1,5	2	2,5	3	3,5	4	4,5
$y = \dfrac{1}{2}\,x - 4$	$-5,5$	-5	$-4,5$	-4	$-3,5$	-3	$-2,5$

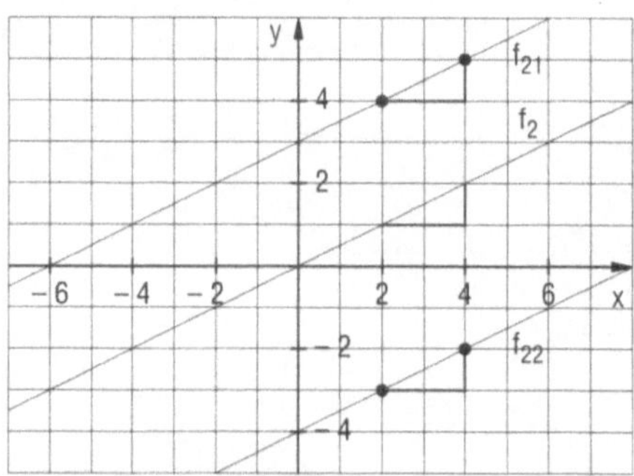

Abbildung 6: Graphen von linearen Funktionen f: $x \rightarrow a_1 x + a_0$ ($a_1 \neq 0$ und $a_0 \neq 0$)

Wiederholung

1. Die Graphen der Funktionen $x \rightarrow a_1 x + a_0$ ($a_1 \neq 0$, $a_0 \neq 0$) sind für ein festes a_1 Parallelen zum Graphen der Funktion $x \rightarrow a_1 x$.
Das absolute Glied a_0 hat keinen Einfluß auf den Anstieg des Graphen der Funktion $x \rightarrow a_1 x + a_0$.

$$a_1 = \frac{y_2 - y_1}{x_2 - x_1} = \frac{(a_1 x_2 + a_0) - (a_1 x_1 + a_0)}{x_2 - x_1} = \frac{a_1(x_2 - x_1)}{x_2 - x_1} \quad \text{für } x_1 \neq x_2$$

Das absolute Glied beeinflußt das Monotonieverhalten einer linearen Funktion nicht.

2. Das absolute Glied a_0 bewirkt eine Verschiebung des Graphen der Funktion $x \rightarrow a_1 x$ in Richtung der y-Achse. Ist $a_0 > 0$, dann erfolgt eine Verschiebung in Richtung der positiven y-Achse. Wenn $a_0 < 0$, dann wird der Graph der Funktion $x \rightarrow a_1 x$ in Richtung der negativen y-Achse verschoben.

3. Das absolute Glied a_0 gibt den Schnittpunkt des Graphen der Funktion $x \rightarrow a_1 x + a_0$ mit der y-Achse an.

Sonderfall 3

(3) Der Steigungsfaktor a_1 ist gleich Null

Es soll die lineare Funktion f: $x \rightarrow a_0$ untersucht werden. Da der Anstieg a_1 der Funktion f Null ist, verläuft der Graph der Funktion parallel zur x-Achse. Jeder beliebigen reellen Zahl x wird nämlich der gleiche Funktionswert $f(x) = a_0$ zugeordnet.

12

Beispiel:
Zeichnen Sie die Graphen der Funktionen: $f_7: x \rightarrow 3$, $f_8: x \rightarrow 0$, $f_9: x \rightarrow -2$.

Lösung:

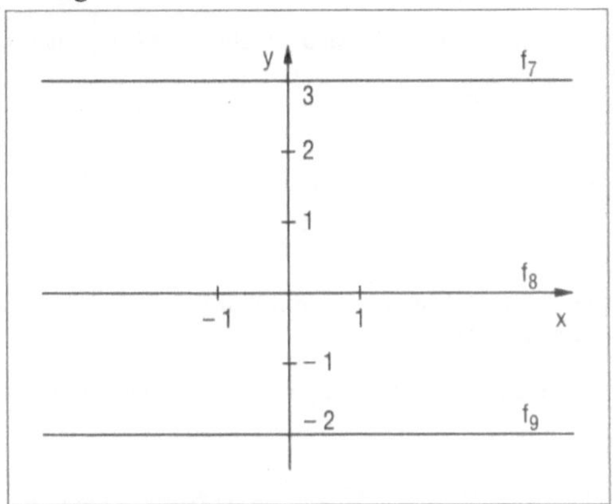

Abbildung 7: Die Graphen von Funktionen $f: x \rightarrow a_0$

2.2   Die Nullstellen linearer Funktionen

Eine charakteristische Eigenschaft einer Funktion ist die Existenz von Nullstellen. Diese Eigenschaft soll nun untersucht werden. Aus den graphischen Darstellungen der verschiedenen linearen Funktionen ist ersichtlich, daß nicht jede lineare Funktion eine Nullstelle besitzt. Das heißt, daß es nicht für jede lineare Funktion ein Argument x_0 gibt, so daß der zugehörige Funktionswert $f(x_0) = 0$.

Sind die Nullstellen einer linearen Funktion $f: x \rightarrow a_1 x + a_0$ gesucht, so ist die lineare Gleichung mit einer Variablen zu lösen: $a_1 x_0 + a_0 = 0$.

1. Fall: $a_1 \neq 0$

$$x_0 = -\frac{a_0}{a_1}$$

Die lineare Funktion besitzt genau eine Nullstelle.

2. Fall: $a_1 = 0$

Die Gleichung $0 * x_0 + a_0 = 0$ ist nur dann eine wahre Aussage, wenn $a_0 = 0$.
Für $a_0 = 0$ hat die Funktion unendlich viele Nullstellen.
Für $a_0 \neq 0$ hat die Funktion keine Nullstelle.

Eine lineare Funktion besitzt entweder unendlich viele Nullstellen oder genau eine Nullstelle oder keine Nullstelle.   Merke

2.3   Bestimmung der Funktionsgleichung einer linearen Funktion

In den bisherigen Ausführungen über lineare Funktionen waren stets die Funktionsgleichungen gegeben. Da eine lineare Funktion durch zwei geordnete Zahlenpaare oder durch den Anstieg und ein geordnetes Zahlenpaar eindeutig bestimmt ist, sollen jetzt aus vorgegebenen Eigenschaften linearer Funktionen die Funktionsgleichungen abgeleitet werden.

Beispiel:

a) Von einer linearen Funktion f_1: $x \rightarrow f_1(x)$ sind zwei geordnete Zahlenpaare $(x_1;y_1) = (3;4)$ und $(x_2;y_2) = (15;16)$ gegeben. Ermitteln Sie die Funktionsgleichung von f_1.

b) Von einer linearen Funktion f_2: $x \rightarrow a_1x + a_0$ sind gegeben $a_1 = -\dfrac{3}{4}$ und das geordnete Zahlenpaar $(x_1;y_1) = (4;5)$.
Ermitteln Sie die Funktionsgeichung von f_2.

Lösung:

a) Die Funktionsgleichung einer linearen Funktion lautet:

$$f_1(x) = a_1x + a_0.$$

Da die beiden geordneten Zahlenpaare Elemente der Funktion sind, müssen sie die Funktionsgleichung in wahre Aussagen überführen.

Somit entsteht ein Gleichungssystem aus zwei Gleichungen mit den beiden gesuchten Variablen a_1 und a_0.

$$\text{I)} \quad 4 = 3a_1 + a_0$$
$$\text{II)} \quad 16 = 15a_1 + a_0$$

Es soll das Additionsverfahren zur Lösung dieses Gleichungssystems angewandt werden. Zunächst wird Gleichung I) auf beiden Seiten mit (-5) multipliziert und zur Gleichung II) addiert. Es entsteht die Gleichung

$$\text{III)} \quad -4 = -4a_0 \qquad \text{beziehungsweise} \quad a_0 = 1.$$

Dann wird die Gleichung I) mit -1 multipliziert und zur zweiten addiert. Die Gleichung

$$\text{IV)} \quad 12 = 12 * a_1 \qquad \text{hat die Lösung} \quad a_1 = 1.$$

Die lineare Funktion, die die gegebenen geordneten Zahlenpaare als Elemente enthält, hat somit die Funktionsgleichung:

$$f_1(x) = x + 1$$

b) Die Funktionsgleichung der Funktion f_2 lautet:

$$f_2(x) = -\frac{3}{4}x + a_0$$

Da das geordnete Zahlenpaar $(x_1|y_1) \in f_2$, entsteht durch Einsetzen von x_1 und y_1 in die Funktionsgleichung eine Gleichung mit der gesuchten Variablen a_0.

$$5 = -\frac{3}{4} * 4 + a_0 \qquad \text{beziehungsweise} \quad a_0 = 8$$

Die Funktionsgleichung von f_2 lautet somit:

$$f_2(x) = -\frac{3}{4}x + 8$$

2.4 Die Umkehrfunktion einer linearen Funktion

Der Begriff der Umkehrfunktion beruht auf der Tätigkeit des „Umkehrens". Eine Funktion ist eine eindeutige Zuordnung der Elemente der Definitionsmenge zu den Elementen der Wertemenge. Jedem $x \in D(f)$ wird eindeutig ein $y \in W(f)$ zugeordnet, f: x $\rightarrow$ y. Wird die Zuordnungsrichtung umgekehrt, so entsteht eine Zuordnung der Elemente der Wertemenge $y \in W(f)$ zu den Elementen der Definitionsmenge $x \in D(f)$, d. h. y $\rightarrow$ x. Diese Zuordnung ist aber nur in dem Falle eindeutig, wenn die Funktion f eineindeutig ist (vergleiche Abbildung 8).

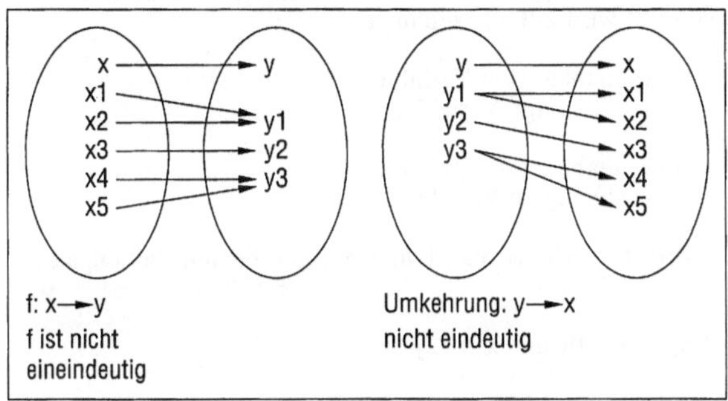

Abbildung 8: Umkehrung einer nicht eineindeutigen Funktion

Gegeben ist eine eineindeutige Funktion

$$f = \{(x, y): x \in D(f) \quad \text{und} \quad y = f(x)\}.$$

Die Funktion f^{-1} heißt Umkehrfunktion der gegebenen eineindeutigen Funktion f genau dann, wenn

$$f^{-1} = \{(y, x): x \in D(f) \quad \text{und} \quad y = f(x)\}.$$

Wenn die Funktion f: x $\rightarrow$ y eineindeutig ist, dann ist ihre Umkehrfunktion f^{-1}: y $\rightarrow$ x ebenfalls eineindeutig.

In einem geordneten Zahlenpaar (y, x) ist die erste reelle Zahl y stets die unabhängige Variable und die zweite reelle Zahl x stets die abhängige Variable. Um die Umkehrfunktion zu einer gegebenen Funktion zu definieren, ist es zweckmäßig, eine Umbenennung der Variablen vorzunehmen. Auf die Umbenennung der Variablen gehen wir in dem folgenden Beispiel ein.

Beispiel:
Gegeben ist die lineare Funktion f: x $\rightarrow$ 2x + 1.
a) Ermitteln Sie die Umkehrfunktion f^{-1} von f.
b) Zeichnen Sie den Graphen von f und ihrer Umkehrfunktion in ein Koordinatensystem. Beachten Sie, daß auf der waagerechten Achse in jedem Falle die unabhängige Variable x dargestellt werden soll.
c) Zeichnen Sie in das Koordinatensystem ebenfalls den Graphen der Funktion x $\rightarrow$ x. Überlegen Sie, wie der Graph der Umkehrfunktion f^{-1} aus dem Graphen der Funktion f konstruiert werden kann.

Lösung:

a) Die gegebene Funktion wird als Menge von geordneten Zahlenpaaren dargestellt:

$$f = \{(x, y): x \in IR \text{ und } y = 2x + 1\}.$$

Entsprechend der Definition wird die Umkehrfunktion von f gebildet:

$$f^{-1} = \{(y, x): x \in IR \text{ und } y = 2x + 1\}.$$

Da x auch bei der Umkehrfunktion die unabhängige Variable ist, wird eine Umbenennung vorgenommen. Die unabhängige Variable von f^{-1} wird mit x bezeichnet und die abhängige Variable von f^{-1} wird mit y bezeichnet.

$$f^{-1}: y \rightarrow x \quad (y: \text{unabhängige Variable,}$$
$$x: \text{abhängige Variable})$$

Umbenennung: $f^{-1}: x \rightarrow y \quad (x: \text{unabhängige Variable,}$
$$y: \text{abhängige Variable})$$

Nach der Umbenennung wird f^{-1} wieder als Menge von geordneten Zahlenpaaren dargestellt:

$$f^{-1} = \{(x, y): y \in IR \text{ und } x = 2y + 1\}$$

Die Funktionsgleichung von f^{-1} wird nach der abhängigen Variablen y aufgelöst. Außerdem ist es üblich, den Definitionsbereich der Umkehrfunktion anzugeben. Der Definitionsbereich von f^{-1} ist identisch mit dem Wertebereich von f. Der Wertebereich einer linearen Funktion ist IR. Somit gilt

$$f^{-1} = \{(x, y): x \in IR \text{ und } y = \frac{1}{2}x - \frac{1}{2}\}$$

b) In Abbildung 9 sind die Graphen von f, f^{-1} und der Funktion g: x → x dargestellt.

c) Der Graph der Umkehrfunktion f^{-1} entsteht aus dem Graphen der Funktion f durch Spiegelung an dem Graphen der Funktion g: x → x, d.h. durch Spiegelung an der Geraden y = x.

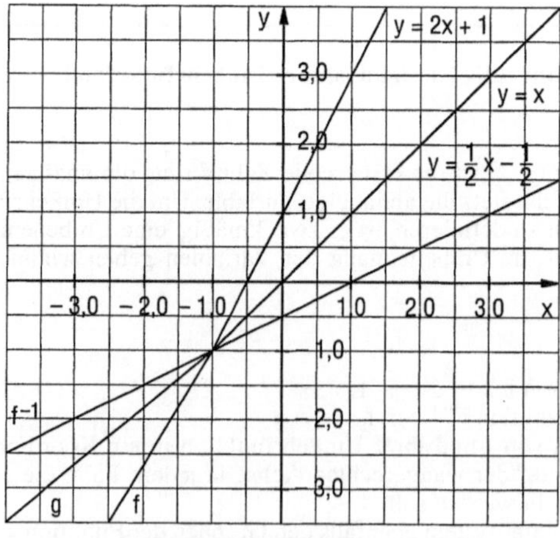

Abbildung 9: Die Graphen einer linearen Funktion f, ihrer Umkehrfunktion f^{-1} und der Funktion g: x → x

2.5 Die gegenseitige Lage der Graphen zweier linearer Funktionen

Es wurde herausgearbeitet, daß der Graph einer linearen Funktion eine Gerade ist, die gekennzeichnet ist durch ein Steigungsdreieck und durch ihren Schnittpunkt mit der y-Achse.

Sind zwei lineare Funktionen $f: x \rightarrow f(x)$ und $g: x \rightarrow g(x)$ gegeben, so können drei Fälle auftreten:
Fallunterscheidung

1. Es gibt genau ein geordnetes Zahlenpaar (x;y), so daß $(x;y) \in f$ und $(x;y) \in g$.
   In diesem Falle schneiden sich die Graphen beider Funktionen genau in einem Punkt (siehe Abbildung 10).
   Genau ein Punkt
2. Es gibt kein geordnetes Zahlenpaar, das gleichzeitig Element von f und von g ist.
   In diesem Falle verlaufen die Graphen beider Funktionen parallel zueinander (siehe Abbildung 10).
   Graphen laufen parallel
3. Es gibt unendlich viele geordnete Zahlenpaare, die sowohl zu f als auch zu g gehören. In diesem Falle sind die Graphen beider Funktionen identisch (siehe Abbildung 10).
   Graphen sind identisch

Beispiel:
Gegeben sind lineare Funktionen durch ihre Funktionsgleichungen:
a) $f: y = 2x + 2$ und $g: y = -3x + 2$
b) $h: y = 4x - 5$ und $i: y = 4x - 3$
c) $j: y = -2x - 4$ und $k: y = -2x - 4$

I) Zeichnen Sie die Graphen der Funktionen in ein Koordinationssystem.
II) Untersuchen Sie, ob die Graphen der beiden Funktionen in a), der beiden Funktionen in b) und der beiden Funktionen in c) gemeinsame Punkte besitzen. Geben Sie diese gegebenenfalls an.

Lösung:
I)

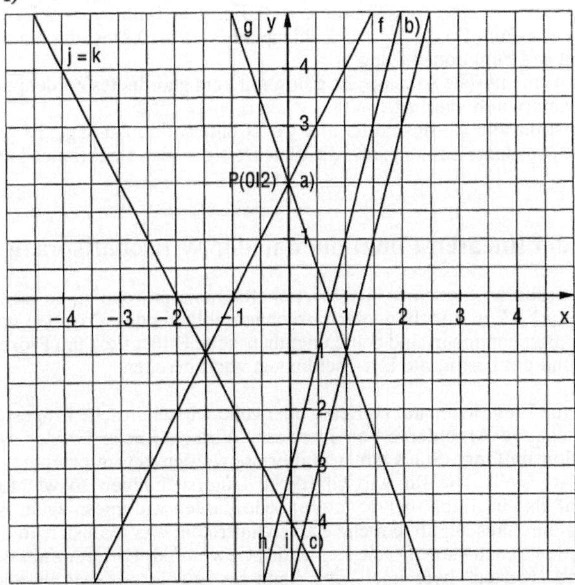

Abbildung 10: Gegenseitige Lage der Graphen linearer Funktionen

II)
Die Graphen von f und g besitzen den gemeinsamen Punkt P(0|2).
Die Graphen von h und i verlaufen parallel zueinander. Sie besitzen demzufolge keinen gemeinsamen Punkt.
Die Graphen von j und k sind identisch, so daß sie unendlich viele gemeinsame Punkte besitzen.

Um die geordneten Zahlenpaare, die gemeinsame Elemente zweier linearer Funktionen sind, rechnerisch zu ermitteln, müssen lineare Gleichungssysteme aus zwei Gleichungen mit zwei Variablen gelöst werden.

Beispiel:
Berechnen Sie mit Hilfe linearer Gleichungssysteme die gemeinsamen geordneten Zahlenpaare der Funktionen aus dem eben besprochenen Beispiel.

Lösung:
Die beiden Gleichungen der linearen Gleichungssysteme sind die Funktionsgleichungen.

$$\text{a) } \begin{aligned} y &= 2x + 2 \\ y &= -3x + 2 \end{aligned} \qquad \text{b) } \begin{aligned} y &= 4x - 5 \\ y &= 4x - 3 \end{aligned} \qquad \text{c) } \begin{aligned} y &= -2x - 4 \\ y &= -2x - 4 \end{aligned}$$

Die Gleichungssysteme können in die folgende Form überführt werden:

$$\text{a) } \begin{aligned} -2x + y &= 2 \\ 3x + y &= 2 \end{aligned} \qquad \text{b) } \begin{aligned} 4x - y &= 5 \\ 4x - y &= 3 \end{aligned} \qquad \text{c) } \begin{aligned} -2x - y &= 4 \\ -2x - y &= 4 \end{aligned}$$

Anwendung des Additionsverfahrens auf alle Gleichungssysteme, indem zunächst jeweils die erste Gleichung mit (-1) multipliziert wird und zur zweiten addiert wird.

$$\text{a) } 5x = 0 \qquad \text{b) } 0 = -2 \qquad \text{c) } 0 = 0$$

Die Gleichung in a) ist eine wahre Aussage für $x = 0$. Für $x = 0$ und $y = 2$ ist das Gleichungssystem in a) erfüllt. Das geordnete Zahlenpaar $(x;y) = (0;2)$ ist das einzige gemeinsame Element der Funktionen f und g.
Die Gleichung in b) ist eine falsche Aussage. Es gibt somit kein geordnetes Zahlenpaar, das gleichzeitig Element von h und i ist.
Die Gleichung in c) ist für alle $x \in \mathrm{IR}$ und für alle $y \in \mathrm{IR}$ eine wahre Aussage. Es gibt somit unendlich viele geordnete Zahlenpaare, die gleichzeitig zu den Funktionen j und k gehören.

2.6 Anwendung der linearen Funktionen in der Wirtschaftspraxis

Vereinfachende Darstellung von Prozessen

Möchte man mathematische Methoden in der Wirtschaftspraxis anwenden, so ist im allgemeinen eine sehr starke Vereinfachung der tatsächlich ablaufenden Prozesse notwendig. Mathematische Berechnungen sind heute unentbehrliche Hilfsmittel, um Prozesse erklären zu können und um bestimmte Entscheidungen vorzubereiten.

Nichtnegative reelle Zahlen

Bei den Anwendungen von Funktionen auf betriebs- oder volkswirtschaftliche Fragestellungen sind nur nichtnegative Argumente von Interesse. Wirtschaftliche Größen wie Preise, Kosten, Produktionsumfänge, Stückzahlen und Erlöse werden stets mit nichtnegativen reellen Zahlen dargestellt. Die für wirtschaftliche Untersuchungen so wichtige Größe „Zeit" wird ebenfalls nur durch nichtnegative reelle Zahlen widergespiegelt. Als Funktionswerte können durchaus negative reelle Zahlen auftreten, was man sich an der Kennzahl „Gewinn" verdeutlichen kann. Da die Kennzahl „Gewinn" als Differenz aus den Kennzahlen „Erlös" und „Kosten" berechnet wird, kann sie sowohl positive als auch negative Werte (negativer Gewinn beziehungsweise Verlust) annehmen.

18

2.6.1 Abschreibungsfunktionen

Beispiel:
Ein Unternehmen investiert in eine Anlage mit einem Neuwert von
100 000 DM = 100 TDM. Es wird eine jährliche Abschreibung von 10 % des
Neuwertes der Anlage vereinbart.
a) Stellen Sie die Abschreibung pro Jahr als Funktion der Zeit dar.
b) Stellen Sie die Gesamtabschreibung der Anlage nach Ablauf von t Jahren als
   Funktion der Zeit dar.
c) Berechnen Sie die Gesamtabschreibung nach Ablauf von 6 Jahren.
d) Nach wie vielen Jahren ist die Anlage abgeschrieben?

Lösung:
Bezeichnungen:
A(t) : Summe der Abschreibungen (Gesamtabschreibung) nach Ablauf von t Jahren,
        gemessen in TDM
a(t) : Abschreibung pro Jahr, gemessen in TDM/Jahr
t   : Zeit gemessen in Jahren

a) Die Funktionsgleichung $y = a(t)$ lautet:

$$y = a(t) = 10, \quad \text{für } t = 1, 2, 3, \ldots, 10.$$

Die Funktion $a: t \rightarrow a(t) = 10$ ist eine lineare Funktion mit dem Anstieg $a_1 = 0$. Pro
Jahr wird nämlich der konstante Betrag von 10 TDM abgeschrieben.
b) Die Funktionsgleichung $y = A(t)$ lautet:

$$y = A(t) = a(t) * t = 10 * t, \quad \text{für } t = 1, 2, \ldots, 10.$$

Die Funktion $A: t \rightarrow A(t) = 10 * t$ ist eine lineare Funktion der Zeit mit dem Anstieg
$a_1 = 10$ und dem geordneten Paar (0;0). Bei dieser linearen Abschreibung erhöht
sich die Gesamtabschreibung von Jahr zu Jahr um den konstanten Betrag von 10
TDM.
c) Für $t = 6$ (in Jahren) gilt, $A(6) = 60$ (in TDM). Nach Ablauf von 6 Jahren beträgt
   die Summe der Abschreibungen 60 TDM.
d) Nach Ablauf von 10 Jahren beträgt die Summe der Abschreibungen 100 TDM. Die
   Anlage ist demzufolge abgeschrieben.

2.6.2 Fixkostenfunktionen

Konstante Kosten, die unabhängig vom Produktionsumfang anfallen, werden in der **Fixe Kosten**
Betriebswirtschaft auch als fixe Kosten bezeichnet.

Zu den fixen Kosten eines Unternehmens gehören zum Beispiel die Grundgehälter für fest
angestelltes Personal, die Mietkosten für Gebäude, die Kosten für Rücklagen, Zinsen,
Steuern und Versicherungen.

Der Graph einer Fixkostenfunktion $f: x \rightarrow f(x)$ mit der Gleichung $f(x) = F$ ist eine **Fixkosten-**
Gerade mit dem Anstieg 0, das heißt, sie verläuft parallel zur waagerechten Achse, auf der **funktion**
im allgemeinen der Produktionsumfang x dargestellt ist (vergleiche Abbildung 11).

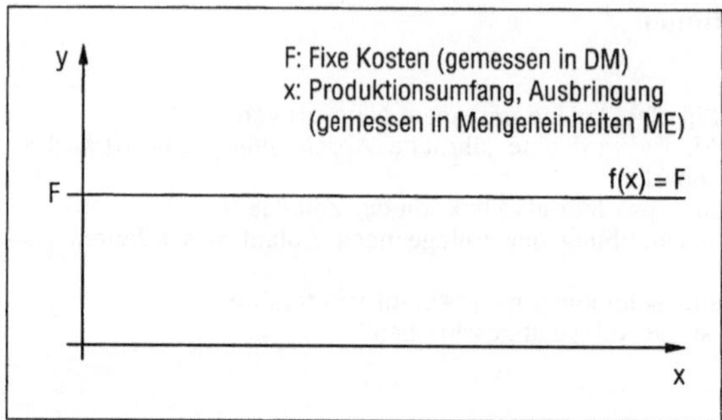

Abbildung 11: Der Graph einer Fixkostenfunktion

2.6.3 Stückkosten- und Gesamtkostenfunktionen

Stückkosten

Insbesondere in Unternehmen, in denen eine Einzelfertigung erfolgt, können die Kosten, die pro hergestelltem Erzeugnis anfallen, ermittelt werden. Die sogenannten Stückkosten $k(x)$ werden gemessen in DM pro Stück. Die Menge der geordneten Zahlenpaare $(x, k(x))$, in der jedem produzierten Stück x eindeutig die Stückkosten $k(x)$ zugeordnet werden,

Stückkosten-funktion

$$k: x \rightarrow k(x)$$

bezeichnet man auch als Stückkostenfunktion. Entstehen für jedes produzierte Stück x Kosten in Höhe von 0,75 DM, so lautet die Gleichung der Stückkostenfunktion

$$k(x) = 0{,}75 \qquad \text{(gemessen in DM/Stück)}$$

Gesamtkosten

Die Gesamtkosten bei der Herstellung von x (Stück) eines Erzeugnisses berechnen sich als Produkt aus den Stückkosten $k(x)$ und dem Produktionsumfang x (gemessen in Stück). Die Gesamtkostenfunktion

Gesamtkosten-funktion

$$K: x \rightarrow K(x) \qquad \text{(gemessen in DM)},$$

die jedem Produktionsumfang eindeutig die Gesamtkosten zuordnet, besitzt dann die folgende Funktionsgleichung

$$K(x) = k(x) * x \qquad \text{(gemessen in DM)}.$$

Variable Kosten

Wenn sich die Gesamtkosten in Abhängigkeit vom Produktionsumfang ändern, dann werden sie auch als variable Kosten bezeichnet.

Die spezielle Gesamtkostenfunktion K ist eine lineare Funktion mit dem Anstieg

$$a_1 = k(x) = \frac{K(x)}{x} = 0{,}75 \qquad \text{(gemessen in DM/Stück)}.$$

Proportionale Gesamtkosten

In diesem Beispiel sind die Gesamtkosten $K(x)$ proportionl zu dem Produktionsumfang x, so daß sie auch als proportionale Gesamtkosten bezeichnet werden. Für den Produktionsumfang werden nur natürliche Zahlen eingesetzt, da im allgemeinen keine Bruchteile von einem Stück für die Kostenrechnung betrachtet werden. Werden die speziellen Gesamtkosten in Abhängigkeit vom Produktionsumfang in einem Koordinatensystem dargestellt, so entstehen Punkte einer Geraden, die durch den Koordinatenursprung verläuft und eine bestimmte Steigung besitzt (vergleiche Abbildung 12 a).

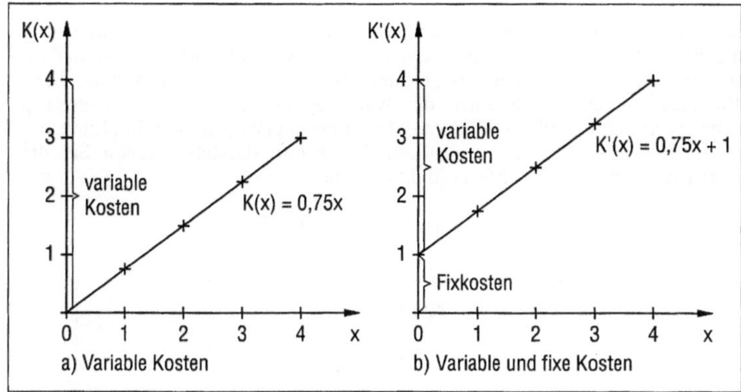

Abbildung 12: Die Graphen von Gesamtkostenfunktionen a) ohne Fixkosten,
b) mit Fixkosten

Beispiel:
In einem Unternehmen fallen in einem bestimmten Abrechnungszeitraum unabhängig
vom Produktionsumfang fixe Kosten in Höhe von 1 TDM an. Pro hergestelltem
Erzeugnis fallen Kosten in Höhe von 0,75 TDM an. Geben Sie die Gleichung und den
Graphen der Gesamtkostenfunktion für den Abrechnungszeitraum an.

Lösung:
Die Stückkostenfunktion lautet:

$$k: x \rightarrow 0,75 \qquad \text{(in TDM/Stück)}.$$

Die Gesamtkostenfunktion, in der die fixen Kosten nicht berücksichtigt werden lautet:

$$K: x \rightarrow 0,75x \qquad \text{(in TDM)}$$

Zusätzlich zu den proportionalen Kosten muß das Unternehmen im Abrechnungszeitraum die fixen Kosten aufbringen, so daß eine Gesamtkostenfunktion K* zu betrachten
ist.

Die Gesamtkostenfunktion K* hat die Gleichung

$$K^*(x) = 0,75 * x + 1,$$

wobei x in Stück und K*(x) in TDM gemessen wird.
Der Graph der Gesamtkostenfunktion K* ist in Abbildung 12 b) dargestellt.

2.6.4 Lineare Nachfragefunktionen

In der freien Marktwirtschaft ist die Preisbildung ein Ergebnis von Angebot und
Nachfrage. Andere Einflußfaktoren wie zum Beispiel staatliche Preisverordnungen
werden an dieser Stelle nicht berücksichtigt. Die freie Preisbildung setzt eine vom Preis
abhängige Nachfragemenge x (in ME) nach einem Erzeugnis voraus. Im Normalfall ist die
Nachfragemenge x nach einem Erzeugnis um so höher, je niedriger der Preis p (in DM/
ME) des Erzeugnisses ist. Die nachgefragte Erzeugnismenge ist Null, wenn der Preis pro
Mengeneinheit einen bestimmten Höchstwert p_{max} annimmt.
Auch wenn das Erzeugnis verschenkt wird, wird eine maximale Nachfragemenge x_{max}
nicht überschritten.

Beispiel:
Bei der Beobachtung einer repräsentativen Käufergruppe wurde der Zusammenhang
zwischen der Nachfragemenge x (in ME) nach einem bestimmten Erzeugnis und dem
Preis p (in DM/ME) des Erzeugnisses getestet. Es hat sich der in Abbildung 13 a)
dargestellte Zusammenhang zwischen der Nachfragemenge x und dem Preis p
ergeben. Interpretieren Sie die sogenannte „Nachfragekurve", die die Reaktion der
Nachfrager (potentiellen Käufer) auf alternative Preise darstellt. Geben Sie die
Gleichung der sogenannten „Nachfragefunktion" an:

$$n: x \rightarrow n(x) = p \qquad \qquad (x \text{ in ME, } p \text{ in DM/ME})$$

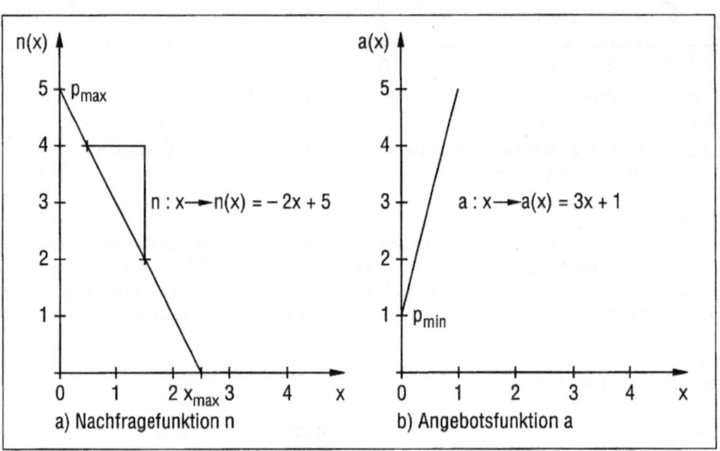

Abbildung 13: Graphische Darstellung einer a) Nachfragefunktion und b) Angebotsfunktion

Lösung:
Die Gleichung der Nachfragefunktion lautet:

$$y = n(x) = p = -2 * x + 5.$$

Die Nachfragefunktion ist eine monoton fallende Funktion, da entsprechend den
subjektiven Nutzeneinschätzungen der Käufergruppe bei hohen Preisen eine geringe
und bei niedrigen Preisen eine größere Menge nachgefragt wird. Als die nachgefragte
Menge $x_{max} = 2{,}5$ ME betrug, war die sogenannte „Sättigungsmenge" erreicht.
Obwohl die Erzeugnisse verschenkt wurden, konnte nicht mehr als die Sättigungsmen-
ge abgesetzt werden. Bei dem Preis von $p_{max} = 5$ (in DM/ME), dem sogenannten
„Prohibitivpreis" hat kein Kunde mehr nach dem Erzeugnis gefragt, die Nachfrage war
Null.

Aus dem Anstieg der Geraden $\quad m = \dfrac{y2 - y1}{x2 - x1} = \dfrac{-2}{1}$

läßt sich schlußfolgern, daß bei Erhöhung der Nachfrage nach dem Erzeugnis um
1 Mengeneinheit der Preis um 2 DM gesunken war.

22

2.6.5 Lineare Angebotsfunktionen

Die freie Preisbildung setzt eine begrenzte Angebotsmenge voraus. Ist ein Gut in unbegrenzter Menge vorhanden, wie z. B. die Luft zum Atmen, dann kann dafür kein Preis festgelegt werden. In der Regel gilt, je höher der Preis p (in DM/ME) eines Erzeugnisses ist, desto höher ist die vom Fabrikanten angebotene Erzeugnismenge x.

Unter einer Angebotsfunktion versteht man eine Funktion, die jeder angebotenen Erzeugnismenge x eindeutig einen Preis p des angebotenen Erzeugnisses zuordnet. Die sogenannte „Angebotskurve" zeigt die Reaktion des Anbieters auf alternative Preise hinsichtlich der angebotenen Erzeugnismenge. Ist die angebotene Erzeugnismenge hoch, so ist das ein Zeichen dafür, daß der Unternehmer einen hohen Preis für sein Erzeugnis erzielen konnte. Eine Angebotsfunktion ist im allgemeinen monoton wachsend.

Beispiel:
In einer repräsentativen Untersuchung hat sich die folgende Angebotsfunktion ergeben (vergleiche Abbildung 13 b):

$$a: x \rightarrow a(x) = p = 3x + 1, \qquad x \text{ in ME, } p \text{ in DM/ME.}$$

Aus der Funktionsgleichung ist ersichtlich: Für einen Preis von $p_{min} = 1$ DM/ME bietet der Unternehmer das Erzeugnis nicht an. Je größer die angebotenen Mengeneinheiten sind, desto größer sind die Preise der Erzeugnisse.

2.6.6 Abstimmung von Angebot und Nachfrage

Ein sogenanntes „Marktgleichgewicht" stellt sich in der freien Marktwirtschaft dann ein, wenn Angebot und Nachfrage mengenmäßig übereinstimmen. Ist der angesetzte Preis für ein Gut zu niedrig, so stellt sich ein Nachfrageüberhang ein. Bei einer zu hohen Preiskalkulation wird sich ein Angebotsüberhang einstellen. Angebots- oder Nachfrageüberhänge können durch Preisreaktionen beseitigt werden. Es muß demzufolge untersucht werden, bei welchem Preis die angebotene und die nachgefragte Erzeugnismenge übereinstimmen. Dieser Preis wird als Gleichgewichtspreis oder Marktpreis bezeichnet. Die zum Gleichgewichtspreis gehörige Angebots- beziehungsweise Nachfragemenge bezeichnet man als Gleichgewichtsmenge.

Beispiel:
Gegeben ist die Nachfragefunktion
$$n: x \rightarrow n(x) = p = -2x + 5 \quad \text{für } 0 \leq x \leq 2{,}5$$
und die Angebotsfunktion
$$a: x \rightarrow a(x) = p = 3x + 1 \quad \text{für } 0 \leq x.$$
Ermitteln Sie das Marktgleichgewicht.

Lösung:
In diesem Anwendungsbeispiel muß das folgende lineare Gleichungssystem mit den Variablen x und y gelöst werden:

$$\text{Nachfragefunktion n:} \quad y = -2x + 5$$
$$\text{Angebotsfunktion a:} \quad y = 3x + 1$$

Nach Anwendung des Gleichsetzungsverfahrens ergibt sich die Lösung:

$$-2x + 5 = 3x + 1$$
$$x = 0{,}8 \qquad \text{und } y = 3{,}4.$$

Bei einem Gleichgewichtspreis von 3,40 DM betragen sowohl die nachgefragte als auch die angebotene Menge 0,8 ME.

2.6.7 Gewinnschwellenanalyse (Break-Even-Analyse)

<table>
<tr><td>Preis-
bestimmung</td><td>In der Praxis ist die Festlegung des Preises für ein Erzeugnis mit mannigfaltigen Problemen behaftet. Es gibt unterschiedliche Ansatzpunkte. In diesem Abschnitt soll auf eine Preisbestimmung eingegangen werden, bei der man sich an der Nachfrage und dem Produktionsumfang orientiert.</td></tr>
<tr><td>Weder Gewinn
noch Verlust</td><td>Bei der sogenannten „Gewinnschwellen- oder Break-Even-Analyse" wird nach demjenigen Produktionsumfang x (in Mengeneinheiten) gefragt, bei dem weder ein Gewinn noch ein Verlust (negativer Gewinn) entsteht, sondern die gesamten fixen Kosten und die zurechenbaren variablen Kosten durch den Erlös gedeckt sind. Dieser Punkt wird als Gewinnschwelle oder Break-Even-Punkt bezeichnet.</td></tr>
</table>

Beispiel:

In einem Unternehmen wird ein bestimmtes Erzeugnis produziert. Die Kosten k(x) pro Mengeneinheit sind konstant und betragen $k(x) = 0,75$ (in DM/ME). Außerdem entstehen Fixkosten F unabhängig vom Produktionsumfang in Höhe von $F = 3$ (in DM). Der Preis p beträgt 2 (in DM/ME). Die Produktionsmenge entspricht stets der Absatzmenge.

a) Geben Sie die Gleichung der Gesamtkostenfunktion K an.

b) Geben Sie die Gleichung der Erlösfunktion

$$E: x \to E(x) = p * x \qquad \text{(in DM)}$$

an, die jedem Produktionsumfang x (in ME) eindeutig das Produkt aus Preis p (in DM/ME) und Produktionsumfang x zuordnet.

c) Geben Sie die Gleichung der Gewinnfunktion

$$G: x \to G(x) = E(x) - K(x)$$

an, die jedem Produktionsumfang x eindeutig die Differenz aus zugehörigem Erlös und zugehörigen Gesamtkosten zuordnet.

d) Ermitteln Sie rechnerisch und zeichnerisch den Produktionsumfang x, für den der Gewinn gerade Null ist, das heißt den Break-Even-Punkt.

Bei welchem Produktionsumfang ist der Gewinn negativ, bzw. entsteht ein Verlust?

e) Berechnen Sie den zum Break-Even-Punkt gehörigen Erlös, den sogenannten Break-Even-Erlös. Wie hoch sind in diesem Falle die Gesamtkosten?

Lösung:

a) $K(x) = k * x + F$
$K(x) = 0,75 * x + 3,00$ (in DM)

b) $E(x) = p * x$
$E(x) = 2,00 * x$ (in DM)

c) $G(x) = E(x) - K(x)$
$G(x) = p * x - k * x - F$
$G(x) = [p - k] * x - F$
$G(x) = [2,00 - 0,75] * x - 3,00$
$G(x) = 1,25 * x - 3,00$ (in DM)

d) $G(x_0) = 0$ genau dann, wenn $E(x_0) = K(x_0)$ bzw. $\quad x_0 = \dfrac{F}{p - k} , \quad p \neq k$

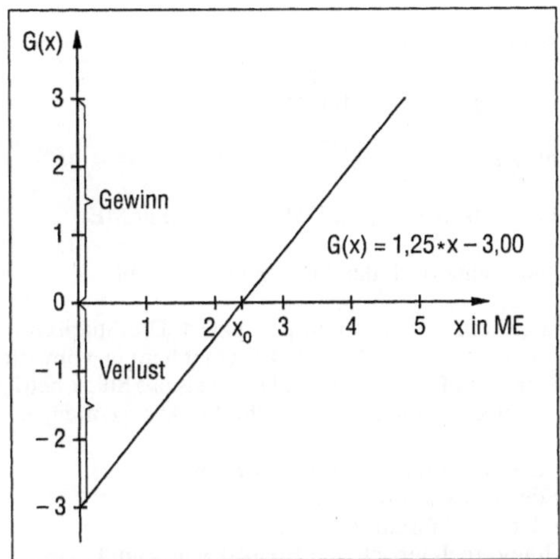

Abbildung 14: Graphische Ermittlung des Break-Even-Punktes

Bei einem Produktionsumfang $x_0 = 2,4$ (in ME) ist der erzielte Gewinn gleich Null. Werden weniger als 2,4 Mengeneinheiten produziert und abgesetzt, dann ist der Gewinn negativ, bzw. es entsteht ein Verlust.

e) $E(x_0) = p(x_0) * x$
$E(x_0) = 2,00 * 2,4$ $K(x_0) = E(x_0)$
$E(x_0) = 4,80$ (in DM) $K(x_0) = 4,80$ (in DM)

Aufgaben zur Selbstüberprüfung:

2. Skizzieren Sie die Graphen der folgenden Funktionen in einem Koordinatensystem. Zeichnen Sie jeweils ein Steigungsdreieck ein.

$g_1: x \rightarrow x - 4$ $g_4: x \rightarrow -\dfrac{1}{3}x + 2$

$g_2: x \rightarrow \dfrac{1}{3}x - 4$ $g_5: x \rightarrow -x + 2$

$g_3: x \rightarrow 3x - 4$ $g_6: x \rightarrow -3x + 2$

3. Gegeben sind die linearen Funktionen:

$g_3: x \rightarrow 3x - 4$ und $g_4: x \rightarrow -\dfrac{1}{3}x + 2$

a) Berechnen Sie die Nullstellen von g_3 und g_4.
b) Berechnen Sie die Stelle x, für die $g_3(x) = 8$.
c) Berechnen Sie die Stelle x, für die $g_3(x) = g_4(x)$ und geben Sie den gemeinsamen Funktionswert an.

4. Gegeben ist die lineare Nachfragefunktion:

$$n: x \rightarrow n(x) = p = -\frac{1}{3} - x + 8 \qquad \text{für } 0 \le x \le 24$$

und die lineare Angebotsfunktion:

$$a: x \rightarrow a(x) = p = 2x + 1 \qquad \text{für } 0 \le x, \text{ p in DM/ME und x in ME.}$$

Ermitteln Sie zeichnerisch und rechnerisch das Marktgleichgewicht.

5. In einem Unternehmen wird ein einheitliches Gut produziert. Die Stückkosten sind konstant und betragen $k(x) = 3$ (in DM/Stück). Unabhängig vom Produktionsumfang entstehen Fixkosten $F = 6$ (in Dm). Der Preis pro Stück beträgt $p = 6$ (in DM/Stück). Die Produktionsmenge entspricht der Absatz-menge.

a) Geben Sie die Gleichung der Gesamtkostenfunktion K an.
b) Geben Sie die Gleichung der Erlösfunktion E an.
c) Geben Sie die Gleichung der Gewinnfunktion G an.
d) Ermitteln Sie zeichnerisch und rechnerisch den Break-Even-Punkt.
e) Berechnen Sie den Break-Even-Erlös und die zugehörigen Kosten.

3. Nichtlineare Funktionen

Lernziele:

> Sie können den Begriff der quadratischen Funktion definieren. Durch Anwendung Ihrer Kenntnisse über die Lösung von quadratischen Gleichungen können Sie die Eigenschaften quadratischer Funktionen ermitteln. Probleme der Wirtschaftstheorie können Sie insbesondere mit quadratischen und kubischen Funktionen lösen.

3.1 Quadratische Funktionen

Im Studientext Gleichungen und Ungleichungen wurden quadratische Gleichungen definiert. Es ist unbedingt notwendig, daß Sie die Lösungsmethoden für quadratische Gleichungen beherrschen, um quadratische Funktionen auf die Lösung praktischer Probleme anwenden zu können.

Definition

> Eine reelle Funktion f heißt quadratische Funktion oder Funktion 2. Grades genau dann, wenn gilt:
>
> $$f: x \to a_2 x^2 + a_1 x + a_0, \qquad a_2 \neq 0, \quad a_2 \in IR, \quad a_1 \in IR, \quad a_0 \in IR.$$

Bezeichnungen

$f(x) = a_2 x^2 + a_1 x + a_0$: allgemeine Form der Funktionsgleichung, $a_2 \neq 0$
$a_2 x^2$: quadratisches Glied
$a_1 x$: lineares Glied
a_0 : absolutes Glied

Für $a_2 = 1$ Normalform der Funktionsgleichung
$f(x) = x^2 + px + q$ $p \in IR, q \in IR$

(1) Graphische Darstellung von quadratischen Funktionen

Normalparabel

1. Fall: Die Funktionsgleichung ist in Normalform gegeben:
$p = 0$ und $q = 0$
$y = x^2$

Der Graph dieser Funktion wird als Normalparabel bezeichnet (siehe Abbildung 15). Dem x-Wert $x = 0$ wird der kleinste Funktionswert $y = 0$ zugeordnet, da das Quadrat einer beliebigen reellen Zahl stets nichtnegativ ist. Der Punkt $P(0|0)$ wird als Scheitelpunkt der Normalparabel mit der Gleichung $y = x^2$ bezeichnet. In der folgenden Wertetabelle sind einige charakteristische Punkte der Normalparabel enthalten, die Sie bei der graphischen Darstellung unbedingt zeichnen sollten:

x	-2	-1	$-0{,}5$	0	0,5	1	2	...
y	4	1	0,25	0	0,25	1	4	...

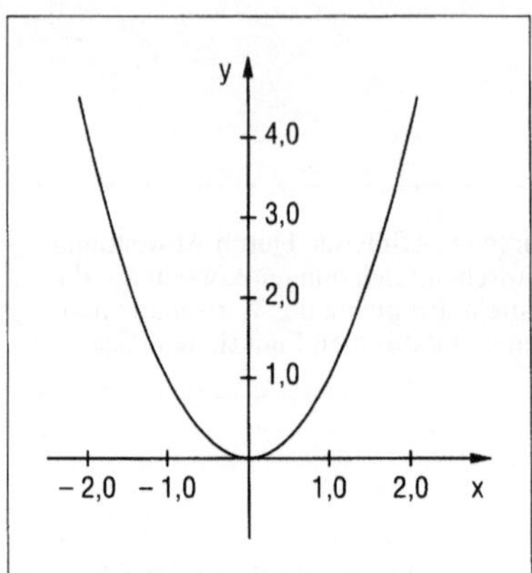

Abbildung 15: Die Normalparabel

Der Graph der quadratischen Funktion $x \rightarrow x^2$ ist achsensymmetrisch zur y-Achse, denn für alle Argumente x gilt:

$$f(-x) = f(x)$$

Normalform

> 2. Fall: Die Funktionsgleichung ist in Normalform gegeben:
>
> $$y = x^2 + px + q \qquad (p \neq 0 \quad \text{oder} \quad q \neq 0)$$

Um den Graphen einer quadratischen Funktion zeichnen zu können, ist es zweckmäßig, die Funktionsgleichung in die sogenannte Scheitelpunktform zu überführen. Dies geschieht mit Hilfe des folgenden Algorithmus.

Überführung von Normalform in Scheitelpunktform

1. Gegeben ist die Normalform: $y = x^2 + px + q$

2. Summe aus quadratischem und linearem Glied in eckige Klammern setzen.

$$y = [x^2 + px] + q$$

3. Anwendung der ersten binomischen Formel vorbereiten. Ermittlung der quadratischen Ergänzung zu $x^2 + px$.

$a^2 + 2ab + b^2 = (a+b)^2$, die quadratische Ergänzung ist b^2.

$x^2 + px \qquad\qquad$, $2b = p$ daraus folgt: $\quad b = \dfrac{p}{2}$

, die quadratische Ergänzung ist $b^2 = \left(\dfrac{p}{2}\right)^2$.

4. Die quadratische Ergänzung wird auf der rechten Seite der Funktionsgleichung addiert und gleichzeitig subtrahiert.

$$y = [x^2 + px + \left(\frac{p}{2}\right)^2] - \left(\frac{p}{2}\right)^2 + q$$

28

5. Anwendung der ersten binomischen Formel, um die Scheitelpunktform der Funktionsgleichung zu erhalten.

$$y = \left(x + \frac{p}{2}\right)^2 - \left(\frac{p}{2}\right)^2 + q$$

Normal- und Scheitelpunktform

Die Graphen von quadratischen Funktionen, die in Normalform gegeben sind, sind Normalparabeln, die in Richtung der x- und der y-Achse verschoben sind. Aus der Scheitelpunktform der Funktionsgleichung ist der Scheitelpunkt ablesbar.

$$f: x \rightarrow x^2 + px + q \qquad \text{Normalform}$$

$$f: x \rightarrow \left(x + \frac{p}{2}\right)^2 - \left(\frac{p}{2}\right)^2 + q \quad \text{Scheitelpunktform}$$

Der Scheitelpunkt besitzt die Koordinaten:

Scheitelpunkt

$$S\left[\ -\frac{p}{2}\ \middle|\ -\left(\frac{p}{2}\right)^2 + q\ \right]$$

Beispiel:
Gegeben sind die Funktionsgleichungen von quadratischen Funktionen in Normalform. Ermitteln Sie die Scheitelpunktformen der Funktionsgleichungen. Zeichnen Sie die Graphen der quadratischen Funktionen, nachdem Sie Wertetabellen angefertigt haben.

a) f: $y = x^2 + 4x + 4$

b) g: $y = x^2 - 8x + 12$

c) h: $y = x^2 - 16x + 67$

d) i: $y = x^2 - 2x$

Lösung:

a) f: $y = (x + 2)^2$

c) h: $y = (x^2 - 16x + 8^2) - 8^2 + 67$
   h: $y = (x - 8)^2 + 3$

b) g: $y = (x^2 - 8x + 4^2) - 4^2 + 12$
   g: $y = (x - 4)^2 - 4$

d) i: $y = (x^2 - 2x + 1^2) - 1^2$
   i: $y = (x - 1)^2 - 1$

Bei der Anfertigung der Wertetabellen sollte man nicht wahllos vorgehen. Es ist zweckmäßig, zunächst die x-Koordinate des Scheitelpunktes zu ermitteln. In der Wertetabelle für eine quadratische Funktion sollten x-Werte ausgewählt werden, die symmetrisch zur x-Koordinate des Scheitelpunktes liegen.

a) x-Koordinate des Scheitelpunktes $x = -2$

x	−4	−3	−2,5	−2	−1,5	−1	−0
y	4	1	0,25	0	0,25	1	4

b) x-Koordinate des Scheitelpunktes $x = 4$

x	2	3	3,5	4	4,5	5	6
y	0	−3	−3,75	−4	−3,75	−3	0

c) x-Koordinate des Scheitelpunktes $x = 8$

x	6	7	7,5	8	8,5	9	10
y	7	4	3,25	3	3,25	4	7

d) x-Koordinate des Scheitelpunktes $x = 1$

x	-1	0	0,5	1	1,5	2	3
y	3	0	$-0,75$	-1	$-0,75$	0	3

In Abbildung 16 sind die quadratischen Funktionen dargestellt.

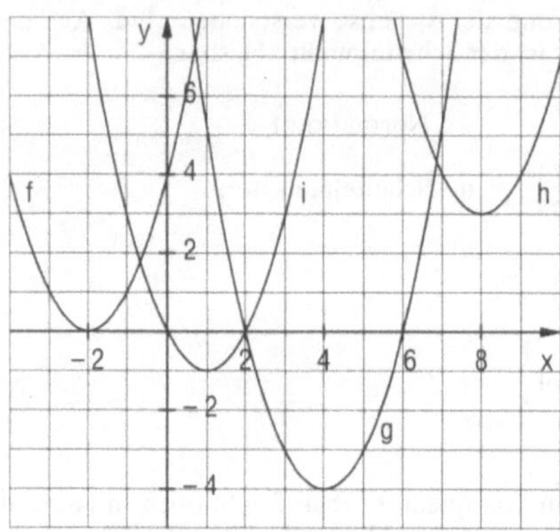

Abbildung 16: Graphische Darstellung von quadratischen Funktionen

3. Fall: Die Funktionsgleichung ist in allgemeiner Form gegeben:

$$y = a_2x^2 + a_1x + a_0 \qquad (a_2 \neq 0)$$

Um den Graphen einer quadratischen Funktion in allgemeiner Form ermitteln zu können, ist eine Überführung in die Scheitelpunktform zweckmäßig. In diesem Studientext sollen nur zwei Sonderfälle behandelt werden.

Sonderfall

Sonderfall 1: $a_1 = 0$ und $a_0 = 0$ $\qquad y = a_2 x^2$

Der Scheitelpunkt der Graphen aller quadratischen Funktionen $x \rightarrow a_2x^2$ $(a_2 \neq 0)$ ist der Punkt $O(0|0)$. Anhand des folgenden Beispiels sollen die unterschiedlichen Fälle für den Parameter $a_2 \in \mathbb{R}$ und sein Einfluß auf den Graphen der Funktion $x \rightarrow a_2x^2$ untersucht werden.

Beispiel:
Zeichnen Sie die Graphen der folgenden Funktionen, indem Sie geeignete Wertetabellen anfertigen.

a) $f: x \rightarrow 2x^2$ c) $h: x \rightarrow -x^2$ e) $j: x \rightarrow -\dfrac{1}{2}x^2$

b) $g: x \rightarrow \dfrac{1}{2}x^2$ d) $i: x \rightarrow -2x^2$

30

Lösung:
Die x-Werte sollten symmetrisch zum Koordinatenursprung gewählt werden.

x	-2	-1	$-0,5$	0	0,5	1	2
$y = x^2$	4	1	0,25	0	0,25	1	4
$y = 2x^2$	8	2	0,5	0	0,5	2	8
$y = \dfrac{1}{2}x^2$	2	0,5	0,125	0	0,125	0,5	2
$y = -x^2$	-4	-1	$-0,25$	0	$-0,25$	-1	-4
$y = -2x^2$	-8	-2	$-0,5$	0	$-0,5$	-2	-8
$y = -\dfrac{1}{2}x^2$	-2	$-0,5$	$-0,125$	0	$-0,125$	$-0,5$	-2

Die graphische Lösung der quadratischen Funktionen ersehen Sie aus Abbildung 17.

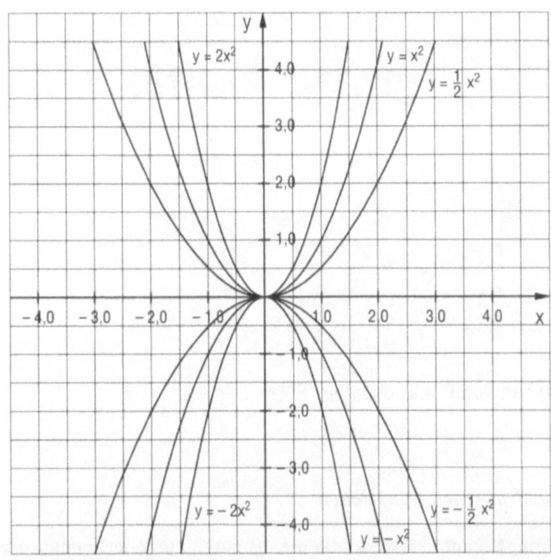

Abbildung 17: Graphische Darstellung von quadratischen Funktionen der Form
$x \rightarrow a_2 x^2$

Gegeben ist der Graph der Funktion $x \rightarrow x^2$, die Normalparabel. Der Graph der Funktion $x \rightarrow a_2 x^2$ ändert sich in Abhängigkeit vom Parameter a_2 folgendermaßen:

Parameter a_2	Graph der Funktion $x \rightarrow a_2 x^2$
$a_2 > 1$	Normalparabel wird in y-Richtung gestreckt.
$0 < a_2 < 1$	Normalparabel wird in y-Richtung gestaucht.
$-1 < a_2 < 0$	Normalparabel wird in y-Richtung gestaucht und an der x-Achse gespiegelt.
$a_2 = -1$	Normalparabel wird an der x-Achse gespiegelt.
$a_2 < -1$	Normalparabel wird in y-Richtung gestreckt und an der x-Achse gespiegelt.

31

Sonderfall 2: $a_1 = 0$ und $a_0 \neq 0$ $\qquad$ $x \rightarrow a_2x^2 + a_0$

Die Graphen der Funktionen $x \rightarrow a_2x^2 + a_0$ entstehen aus den Graphen der Funktionen $x \rightarrow a_2x^2$ durch Verschiebung in Richtung der y-Achse. Der Scheitelpunkt $O(0|0)$ der Funktionen $x \rightarrow a_2x^2$ wird verschoben in den Scheitelpunkt $S(0|a_0)$ der Funktionen $x \rightarrow a_2x^2 + a_0$.

Beispiel:
Zeichnen Sie die Graphen der Funktionen

$$f: x \rightarrow -\frac{1}{2}x^2 + 4 \quad \text{und} \quad g: x \rightarrow 2x^2 + \frac{1}{2}$$

Lösung:

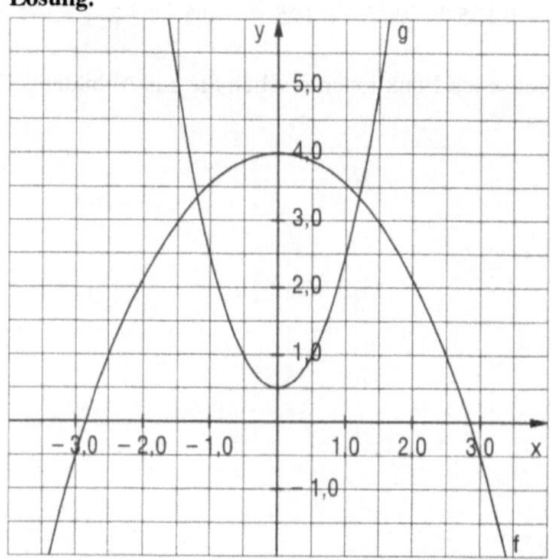

Abbildung 18: Die Graphen von Funktionen der Form $x \rightarrow a_2x^2 + a_0$

(2) Die Nullstellen von quadratischen Funktionen

Eine quadratische Funktion f kann entweder keine, genau eine oder genau zwei Nullstellen besitzen. Ist die Funktionsgleichung in allgemeiner Form

$$f(x) = a_2x^2 + a_1x + a_0 \qquad (a_2 \neq 0)$$

gegeben, so ist zur Nullstellenbestimmung die quadratische Gleichung

$$a_2x^2 + a_1x + a_0 = 0 \qquad (a_2 \neq 0)$$

zu lösen. Die quadratische Gleichung wird in ihre Normalform

$$x^2 + px + q = 0$$

überführt, indem beide Seiten der Gleichung durch den Faktor a_2 dividiert werden.

$$x^2 + \frac{a_1}{a_2}x + \frac{a_0}{a_2} = 0 \qquad (a_2 \neq 0) \qquad p = \frac{a_1}{a_2}, q = \frac{a_0}{a_2}$$

Beispiel:
Gegeben sind die folgenden Funktionen:

a) $f: x \rightarrow 2x^2 + 8x + 8$

b) $g: x \rightarrow \dfrac{1}{4}x^2 + 2x - 3$

c) $h: x \rightarrow -x^2 + 16x - 67$

Ermitteln Sie die Nullstellen dieser Funktionen.

Lösung:
Die Lösung der quadratischen Gleichungen soll durch Anwendung der Lösungsformel für quadratische Gleichungen in Normalform erfolgen.

$$x^2 + px + q = 0$$

$$x_1/x_2 = -\frac{p}{2} \pm \sqrt{\left(\frac{p}{2}\right)^2 - q}$$

a) $2x^2 + 8x + 8 = 0$

$\quad x^2 + 4x + 4 = 0$

$\qquad x_1/x_2 = -2 \pm \sqrt{4-4}$

$\qquad x_1 = x_2 = -2$

Die Funktion f besitzt genau eine Nullstelle, $x_0 = -2$.

b) $-\dfrac{1}{4}x^2 + 2x - 3 = 0$

$\qquad x^2 - 8x + 12 = 0$

$\qquad x_1/x_2 = 4 \pm \sqrt{16-12}$

$\quad x_1 = 6 \quad$ und $\quad x_2 = 2$

Die Funktion g besitzt genau zwei Nullstellen, $x_{01} = 6 \quad$ und $\quad x_{02} = 2$.

c) $-x^2 + 16x - 67 = 0$

$\quad x^2 - 16x + 67 = 0$

$\qquad x_1/x_2 = 8 \pm \sqrt{64-67}$

$\qquad x_1/x_2 = 8 \pm \sqrt{-3}$

Die Funktion h besitzt keine Nullstelle.

Besitzt eine Funktion keine Nullstelle, so liegt der Graph der Funktion entweder vollständig oberhalb oder vollständig unterhalb der x-Achse. Die Funktionswerte sind demzufolge entweder positiv oder negativ.

3.2 Kubische Funktionen

Definition

Eine reelle Funktion f heißt kubische Funktion genau dann, wenn gilt:

$$f: x \rightarrow a_3 x^3 + a_2 x^2 + a_1 x + a_0, \qquad \text{für } a_3 \neq 0,$$

$$a_3 \in \mathbb{IR}, \quad a_2 \in \mathbb{IR}, \quad a_1 \in \mathbb{IR} \quad \text{und} \quad a_0 \in \mathbb{IR}.$$

a_3x^3: kubisches Glied

Sonderfall 1: $a_3 = 1, \quad a_2 = 0, \quad a_1 = 0, \quad a_0 = 0$

Es soll die Funktion f: $x \rightarrow x^3$ untersucht werden.

Um den Graphen der Funktion zu zeichnen, können Sie eine Wertetabelle anfertigen.

x	-2	-1	$-0,5$	0	0,5	1	2
y	-8	-1	$-0,125$	0	0,125	1	8

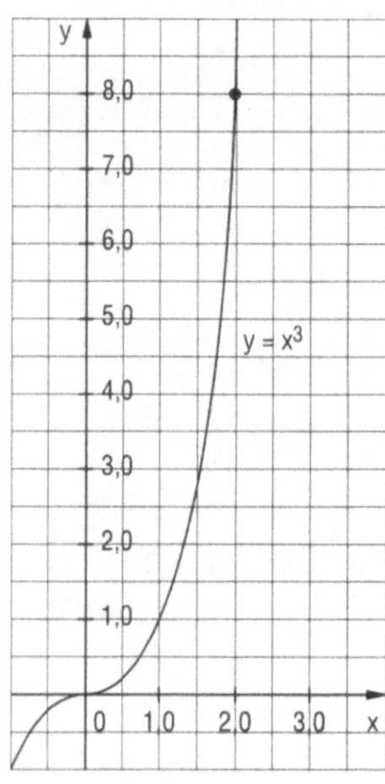

Abbildung 19: Der Graph der kubischen Funktion $x \rightarrow x^3$

Der Graph der kubischen Funktion $x \rightarrow x^3$ (siehe Abbildung 19) wird als kubische Normalparabel bezeichnet. Die kubische Normalparabel ist punktsymmetrisch zum Koordinatenursprung, denn für alle Argumente x gilt:

$$f(-x) = -f(x)$$

Sonderfall 2: $a_3 \neq 0, \quad a_2 = 0, \quad a_1 = 0, \quad a_0 \neq 0$

Die Funktionsgleichungen haben somit die Form $f(x) = a_3x^3 + a_0$.

Alle Funktionen der gegebenen Form haben das geordnete Zahlenpaar $(0 \,|\, a_0)$ als Element. Der Faktor a_3 bewirkt eine Streckung (Stauchung) oder Spiegelung der kubischen Normalparabel. Der Summand a_0 hat zur Folge, daß der Graph der Funktion $x \rightarrow a_3x^3$ in Richtung der y-Achse verschoben ist.

Beispiel:
Gegeben sind die folgenden kubischen Funktionen:

a) $f: x \rightarrow -x^3 + 2$ b) $g: x \rightarrow \frac{1}{8}x^3 + \frac{1}{2}$

Zeichnen Sie die Graphen der Funktionen mit Hilfe von Wertetabellen.

Lösung:

x	-2	-1	0	0,5	1	1,5	2
$y = -x^3 + 2$	10	3	2	1,875	1	$-1,375$	-6
$y = \frac{1}{8}x^3 + \frac{1}{2}$	$-0,5$	0,375	0,5	0,515625	0,625	0,921875	1,5

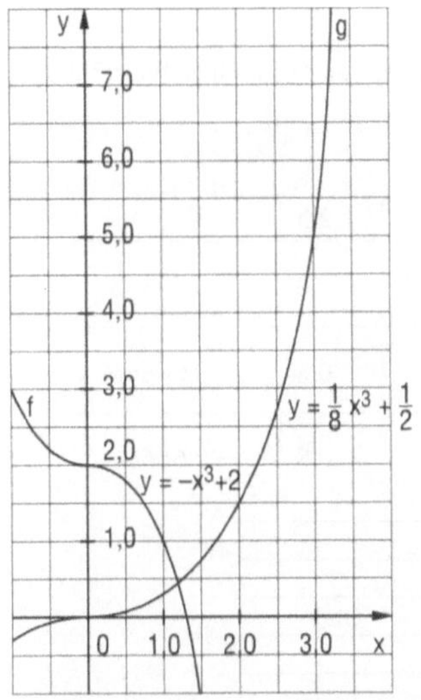

Abbildung 20: Die Graphen kubischer Funktionen $x \rightarrow a_3 x^3 + a_0$

3.3 Ganzrationale Funktionen n-ten Grades

Nachdem Sie sich mit linearen, quadratischen und kubischen Funktionen beschäftigt haben, soll in diesem Abschnitt nur ein Begriff für die Gesamtheit dieser und anderer Funktionen eingeführt werden. In Abhängigkeit von dem höchsten Exponenten der in der Funktionsgleichung auftretenden Potenzen der unabhängigen Variablen werden Funktionen ersten, zweiten, dritten, ..., n-ten Grades unterschieden. Die folgende Definition sollten Sie sich einprägen: **Ganzrationale Funktionen**

     Definition

Eine reelle Funktion f über die unabhängige Variable x heißt ganzrationale Funktion vom Grade n ($n \in \mathbb{N}$) genau dann, wenn

$$f: x \rightarrow a_n x^n + a_{n-1} x^{n-1} + \ldots + a_3 x^3 + a_2 x^2 + a_1 x + a_0,$$

$$\text{für } a_n \neq 0, \quad a_n \in \mathbb{R}, \ldots, \quad a_2 \in \mathbb{R}, \quad a_1 \in \mathbb{R}, \quad a_0 \in \mathbb{R}.$$

In diesem Studientext werden insbesondere ganzrationale Funktionen vierten Grades auf Fragestellungen der Betriebswirtschaft angewandt. Eine ganzrationale Funktion vierten Grades hat eine Funktionsgleichung der folgenden Form, bei der die Koeffizienten reelle Zahlen sind:

$$f(x) = a_4x^4 + a_3x^3 + a_2x^2 + a_1x + a_0.$$

3.4 Eine gebrochenrationale Funktion

In diesem Studientext soll nur die gebrochenrationale Funktion $f: x \to a\,\dfrac{1}{x}$ $(x \in \mathrm{IR}\,|\,\{0\})$

mit ihren Eigenschaften untersucht werden. Für die Betriebswirtschaft ist eine Einschränkung auf positive Argumente sinnvoll. In Abhängigkeit von dem Parameter a verläuft der Graph der Funktion für positive x-Werte entweder vollständig oberhalb oder vollständig unterhalb der x-Achse. Die Funktion ist für positive Parameter a streng monoton fallend und für negative Parameter a streng monoton wachsend.

Beispiel:
Zeichnen Sie die Graphen der folgenden Funktionen mit Hilfe einer Wertetabelle:

a) $f: x \to \dfrac{1}{x}$ 　　　 b) $g: x \to 2 * \dfrac{1}{x}$ 　　　 c) $h: x \to -2 * \dfrac{1}{x}$

x	0,5	1	1,5	2	2,5	3
$y = \dfrac{1}{x}$	2	1	0,66666	0,5	0,4	0,33333
$y = 2 * \dfrac{1}{x}$	4	2	1,33333	1	0,8	0,66666
$y = -2 * \dfrac{1}{x}$	-4	-2	$-1,33333$	-1	$-0,8$	$-0,66666$

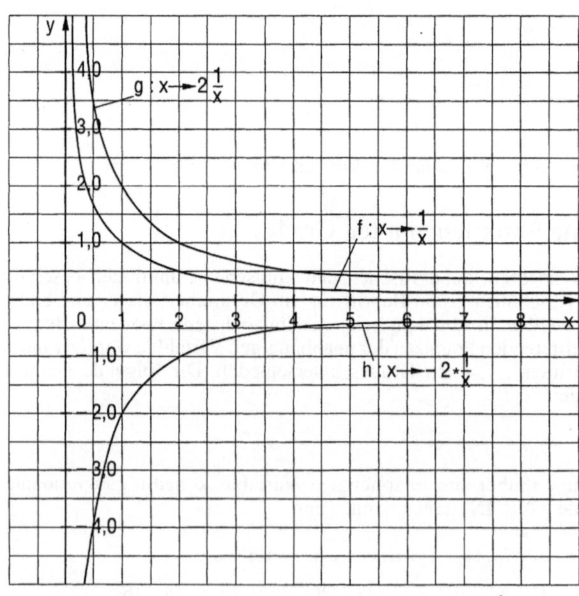

Abbildung 21: Die Graphen von Funktionen $x \to a * \dfrac{1}{x}$

3.5 Anwendungen von nichtlinearen Funktionen in der Wirtschaftspraxis

3.5.1 Quadratische Funktionen als Gesamtkostenfunktionen

In der Betriebswirtschaftslehre fallen neben den proportionalen Gesamtkosten auch nichtproportionale Gesamtkosten an. Für proportionale Gesamtkosten gilt:

$$K(x) = m * x$$

Wenn x um 1 % (also um $\dfrac{x}{100}$) steigt, dann steigen die Gesamtkosten auch um 1 %.

Das kann durch folgende Rechnung gezeigt werden:

$$K(x + \frac{x}{100}) - K(x) = m * (x + \frac{x}{100}) - m * x = \frac{m * x}{100}$$

$$K(x + \frac{x}{100}) \quad = K(x) \quad + \frac{K(x)}{100}$$

Die Gesamtkosten wachsen demzufolge verhältnisgleich mit dem Produktionsumfang.

Wenn bei einem Wachstum des Produktionsumfanges um 1 % die Gesamtkosten um mehr als 1 % steigen, dann spricht man von einem überproportionalen oder progressiven Gesamtkostenverlauf.

Den Gesamtkostenverlauf bezeichnet man als unterproportional oder degressiv, wenn die Gesamtkosten bei einem Wachstum des Produktionsumfanges von 1 % um weniger als 1 % steigen.

Beispiel:
Gegeben sind die folgenden Gesamtkostenfunktionen:

a) $K_1: x \rightarrow \dfrac{1}{10} x^2$

c) $K_3: x \rightarrow \dfrac{1}{2} x$

b) $K_2: x \rightarrow -\dfrac{1}{10} (x - 10)^2 + 11$

Für den Produktionsumfang gelten die folgenden Einschränkungen: $0 \leq x \leq 10$. Zeichnen Sie die Graphen der Gesamtkostenfunktionen in ein Koordinatensystem. Entscheiden Sie jeweils, ob es sich um einen proportionalen, einen überproportionalen oder unterproportionalen Gesamtkostenverlauf bezüglich des Produktionsumfanges handelt.

Lösung:

$$\text{a) } K_1 (x + \frac{1}{100} x) - K_1 (x) = \frac{1}{10} (x + \frac{1}{100} x)^2 - \frac{1}{10} x^2 =$$

$$= \frac{1}{10} * 2 * \frac{1}{100} x^2 + \frac{1}{10} * \frac{1}{10^4} x^2 = \frac{1}{10} x^2 (2 * \frac{1}{100} + \frac{1}{10^4}) = K_1 x * \frac{201}{10\,000}$$

$$K_1 (x + \frac{1}{100} x) = K_1(x) + K_1(x) * \frac{201}{10\,000}$$

Aus der Rechnung und aus der graphischen Darstellung ist ersichtlich, daß es sich um einen überproportionalen Gesamtkostenverlauf handelt. Wenn die Ausbringung x um 1 % steigt, dann steigen die Gesamtkosten um ca. 2,01 %.

b) Der Gesamtkostenverlauf ist unterproportional.
c) Der Gesamtkostenverlauf ist proportional.

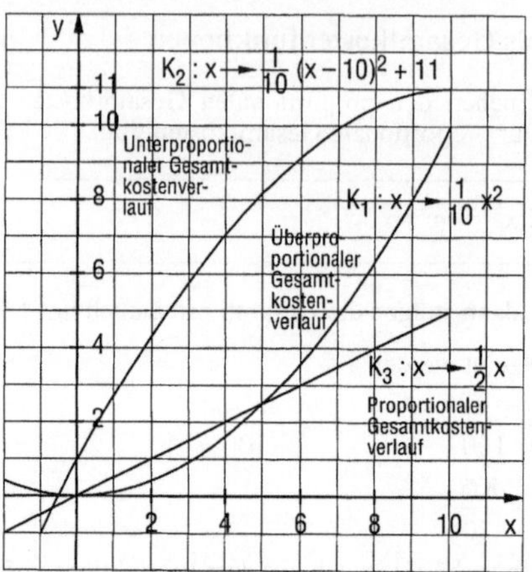

Abbildung 22: Die Graphen von überproportionalen, portionalen und unterproportionalen Gesamtkostenfunktionen für $0 \leq x \leq 10$

3.5.2 Funktionen vierten Grades als Gesamtkostenfunktionen

Die Funktion vierten Grades

$$K: x \to K(x) = a_4x^4 + a_3x^3 + a_2x^2 + a_1x \qquad x \geq 0$$

soll als Gesamtkostenfunktion betrachtet werden. Da sowohl für den Produktionsumfang x als auch für die Gesamtkosten K(x) die Nichtnegativitätsbedingungen erfüllt sein müssen, können nicht alle reellen Zahlen für die Koeffizienten a_4, a_3, a_2 und a_1 eingesetzt werden. Im folgenden Beispiel ist eine Gesamtkostenfunktion angegeben, die den Forderungen der Praxis entspricht.

Beispiel:
In einem Unternehmen wird ein bestimmtes Erzeugnis produziert. Es ist bekannt, daß sich die Gesamtkosten K in Abhängigkeit von der Ausbringung bzw. dem Produktionsumfang x des Erzeugnisses entsprechend der folgenden Funktionsgleichung entwickeln:

$$K(x) = x^4 - \frac{27}{2}x^3 + 54 x^2 \qquad \text{x in ME, K(x) in DM}$$

Ermitteln Sie die Gesamtkosten für $x = 1$, $x = 3$, $x = 6$ und $x = 10$.

Lösung:

$x = 1 \to K(1) = 41{,}50$	$x = 6 \to K(6) = 324$
$x = 3 \to K(3) = 202{,}50$	$x = 10 \to K(10) = 1\,900$

In Abbildung 23 ist der Graph der speziellen Gesamtkostenfunktion dargestellt.

38

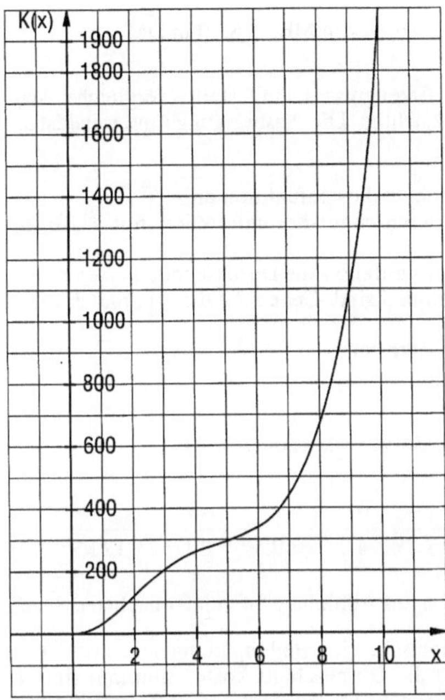

Abbildung 23: Der Graph einer Gesamtkostenfunktion 4. Grades

3.5.3 Nichtlineare Durchschnittskostenfunktionen

Hat sich auf Grund einer genauen Analyse der Unternehmenssituation bei der Produktion eines bestimmten Erzeugnisses eine Gesamtkostenfunktion

$$K: x \rightarrow K(x)$$

ergeben, so kann daraus auf die durchschnittlichen Kosten pro Mengeneinheit bei unterschiedlichen Ausbringungen x geschlossen werden. Das setzt aber voraus, daß die Ausbringung x beliebig teilbar ist. Aus der Gesamtkostenfunktion K kann die Durchschnittskostenfunktion k abgeleitet werden, indem die Funktionsgleichung von K durch die Ausbringung x dividiert wird. Für die Durchschnittskostenfunktion ergibt sich die folgende Zuordnungsvorschrift, in der jeder beliebigen Ausbringungsmenge x eindeutig die Kosten pro Mengeneinheit k(x) zugeordnet wird.

$$k: x \rightarrow k(x) = \frac{K(x)}{x}$$

Die Definitionsmenge der Durchschnittskostenfunktion ist die Menge aller positiven reellen Zahlen, die größer oder gleich 1 sind.

Beispiel:
Aufgrund jahrelanger Erfahrungen wurde in einem Unternehmen die folgende Gesamtkostenfunktion

39

$$K(x) = x^4 - \frac{27}{2}x^3 + 54\,x^2 \qquad x \in [2,10], \quad x \text{ in ME}, \quad K(x) \text{ in DM}$$

für die Produktion eines bestimmten Erzeugnisses aufgestellt (vergleiche obiges Beispiel). Fixkosten wurden nicht berücksichtigt. Die Ausbringung muß mindestens 2 ME und soll höchstens 10 ME betragen.

a) Geben Sie die zu K gehörige Durchschnittskostenfunktion an.
b) Skizzieren Sie den Graphen der Durchschnittskostenfunktion mit Hilfe einer Wertetabelle.
c) Ermitteln Sie, bei welchem Produktionsumfang x die Durchschnittskosten minimal und bei welcher Ausbringung sie maximal sind. Geben Sie die minimalen und die maximalen Durchschnittskosten an.
d) Berechnen Sie die zugehörigen Gesamtkosten.

Lösung:

a) $k: x \rightarrow k(x) = \dfrac{K(x)}{x} = x^3 - \dfrac{27}{2}x^2 + 54\,x \qquad k(x) \text{ in DM/ME}$

b)

x	2	3	4	5	6	7	8	9	10
k(x)	62	67,5	64	57,5	54	59,5	80	121,5	190

Die graphische Darstellung ersehen Sie aus Abbildung 24 auf der nächsten Seite.

c) Aus der Wertetabelle und aus der graphischen Darstellung können Sie ersehen, daß bei einer Ausbringung x = 6 (ME) die Durchschnittskosten minimal sind. Die minimalen Durchschnittskosten betragen k(x) = 54 (DM/ME). Die Durchschnittskosten sind maximal, wenn der Produktionsumfang 10 ME beträgt. Sie betragen dann 190 DM/ME. Für den Fall, daß das Unternehmen die Produktion einschränken müßte und höchstens 7 ME absetzbar wären, dann wären bei einem Produktionsumfang von 3 ME die Durchschnittskosten maximal.
d) Bei einer Ausbringung von 6 ME betragen die Gesamtkosten 324 DM. Bei einer Ausbringung von 10 ME betragen die Gesamtkosten 1900 DM.
$$K(6) = 54 * 6 = 324 \qquad K(10) = 190 * 10 = 1900$$

3.5.4 Nichtlineare Umsatzfunktionen

Die Kennzahl „Umsatz", die wir im folgenden mit U bezeichnen wollen, ist abhängig von der umgesetzten Warenmenge und dem Preis der Ware. Bei einer gegebenen Nachfragestruktur, die durch eine Nachfragefunktion n widergespiegelt wird, kann innerhalb gewisser Grenzen Einfluß auf den Umsatz genommen werden, indem man Preise und Warenmengen variiert.

Zu den Einflußgrenzen gehören die folgenden:
1. Ist der Preis der Ware Null, so ist auch der Umsatz bei einer beliebig abgesetzten Warenmenge Null.
2. Ist die abgesetzte Warenmenge Null, so ist der Umsatz bei einem beliebigen Preis der Ware ebenfalls Null.

Zwischen diesen beiden Grenzen muß es eine Zuordnung von Warenmenge $\rightarrow$ Preis geben, bei der der Umsatz ein Maximum wird.

Beispiel:
Gegeben ist die lineare Nachfragefunktion

$$n: x \rightarrow n(x) = p = -x + 4 \qquad x \leq 4, \quad x \text{ in ME}, \qquad p \text{ in } \frac{DM}{ME}$$

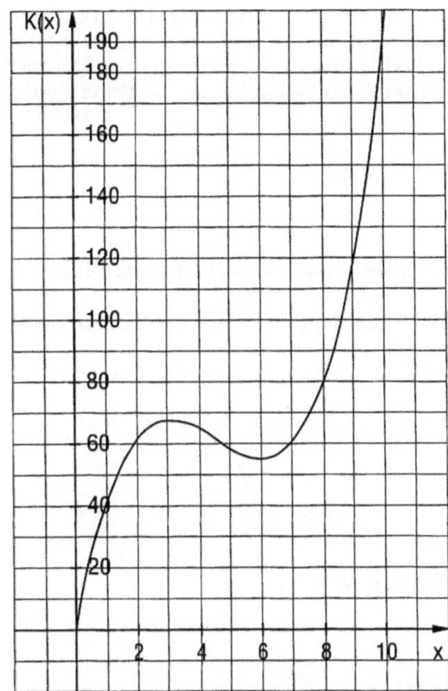

Abbildung 24: Der Graph einer nichtlinearen Durchschnittskostenfunktion

bei der jeder nachgefragten Warenmenge $x \in [0,4]$ (gemessen in Mengeneinheiten) eindeutig ein Preis p (gemessen in DM pro ME) zugeordnet wird. Die Umsatzfunktion u ordnet jeder abgesetzten Warenmenge x (in ME) den Umsatz $U(x) = p * x$ (gemessen in DM) zu, so daß die folgende Umsatzfunktion u gegeben ist:

$$u: x \rightarrow U(x) = p * x = (-x+4) * x = -x^2 + 4x .$$

Ermitteln Sie rechnerisch die nachgefragte (abgesetzte) Warenmenge, für die der Umsatz maximal ist. Geben Sie den maximalen Umsatz an.

Lösung:
Zur Ermittlung des maximalen Umsatzes wird die allgemeine Form der quadratischen Funktionsgleichung in die Scheitelpunktform überführt.

$$u: x \rightarrow U(x) = -[x^2 - 4x] = -[(x^2 - 4x + 4) - 4] = -[(x-2)^2 - 4]$$
$$u: x \rightarrow U(x) = -(x-2)^2 + 4$$

Die Umsatzfunktion u besitzt an der Stelle $x = 2$ den maximalen Funktionswert $U(2) = 4$. Bei einer abgesetzten Warenmenge von 2 Mengeneinheiten beträgt der maximale Umsatz 4 DM.

3.5.5 Fixkosten als Durchschnittskostenfunktionen

Werden als Gesamtkosten nur die Fixkosten betrachtet, so entsteht als Gesamtkostenfunktion die konstante Funktion
Konstante Funktion

$$K: x \rightarrow K(x) = F \qquad \text{mit } F > 0 \text{ und } F = \text{konstant,}$$

die jedem Produktionsumfang x die konstanten Fixkosten F zuordnet. Die graphische Darstellung dieser Gesamtkostenfunktion (Fixkostenfunktion) ergibt eine Parallele zur x-Achse. Diese Parallele stellt den sogenannten Fixkostensockel dar. Die zu der gegebenen Gesamtkostenfunktion gehörige Durchschnittskostenfunktion hat die folgende Zuordnungsvorschrift:

$$k\colon x \to k(x) = \frac{K(x)}{x} = \frac{F}{x} \qquad \text{mit } x \geq 1.$$

Beispiel:

In einem Unternehmen fallen unabhängig vom Produktionsumfang fixe Kosten in Höhe von 20 TDM an.

a) Geben Sie die Funktionsgleichung für den Fall an, daß die Fixkosten als Gesamtkosten betrachtet werden.

b) Geben Sie die Funktionsgleichung für den Fall an, daß die Fixkosten als Durchschnittskosten betrachtet werden.

c) Zeichnen Sie die Graphen der Gesamtkosten- und der Durchschnittskostenfunktion in ein Koordinatensystem.

Lösung:

a) Fixkosten als Gesamtkosten:

$$K\colon x \to 20, \qquad \text{für } x \geq 0, \qquad x \text{ in ME, } K \text{ in TDM.}$$

b) Fixkosten als Durchschnittskosten:

$$k\colon x \to \frac{20}{x}, \qquad \text{für } x \geq 1, \qquad x \text{ in ME, } k \text{ in } \frac{\text{TDM}}{\text{ME}}.$$

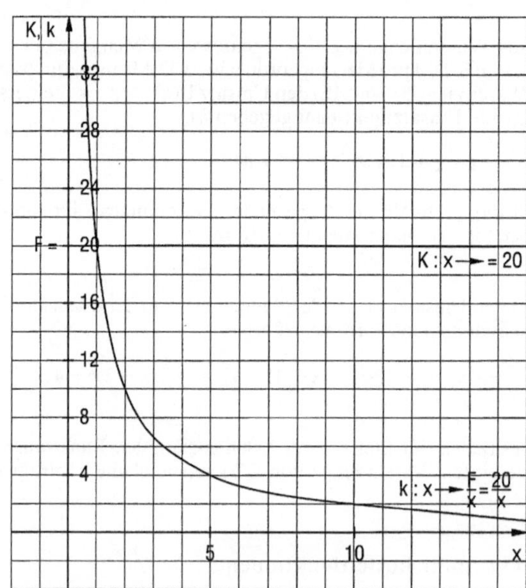

Abbildung 25: Fixkosten als Gesamtkostenfunktion K und als Durchschnittskostenfunktion k

6. Gegeben ist die folgende quadratische Funktion f:
   $$f: x \rightarrow x^2 - 4x - 5.$$
   Formen Sie die Funktionsgleichung von f in die Scheitelpunktform um. Geben Sie den Scheitelpunkt des Graphen von f an. Berechnen Sie die Nullstellen von f. Zeichnen Sie den Graphen von f in ein rechtwinkliges Koordinatensystem.

7. Gegeben ist die Gesamtkostenfunktion:
   $$K: x \rightarrow K(x) = 2x^2, \qquad x \text{ in ME und } K(x) \text{ in DM.}$$
   Der Produktionsumfang soll um 1 % gesteigert werden. Um wieviel Prozent verändern sich dann die Gesamtkosten? Entscheiden Sie, ob es sich um einen proportionalen, einen überproportionalen oder einen unterproportionalen Kostenverlauf handelt.

8. Gegeben ist die Gesamtkostenfunktion:
   $$K: x \rightarrow x^3 - 600\, x^2 + 102\,000\, x, \qquad x \text{ in ME, } K(x) \text{ in DM.}$$
   Es müssen mindestens 200 ME produziert werden. Der Produktionsumfang von 500 ME darf nicht überschritten werden.
   a) Geben Sie die zugehörige Durchschnittskostenfunktion an.
   b) Bei welchem Produktionsumfang sind die Durchschnittskosten minimal? Wie hoch sind die minimalen Durchschnittskosten? Wie hoch sind dann die Gesamtkosten?
   c) Bei welchem Produktionsumfang sind die Durchschnittskosten maximal? Geben Sie die maximalen Durchschnittskosten an. Wie hoch sind dann die Gesamtkosten?

9. In einem Unternehmen fallen unabhängig von der Ausbringung Fixkosten in Höhe von 25 TDM an. Der Produktionsumfang darf 10 ME nicht überschreiten. Betrachten Sie die Fixkosten als Gesamtkosten. Geben Sie die Zuordnungsvorschrift der Gesamtkostenfunktion und der zugehörigen Durchschnittskostenfunktion an. Zeichnen Sie die Graphen beider Funktionen in ein Koordinatensystem.

4. Lineare Optimierung

Lernziele:

Sie können die Lösungsmenge einer linearen Ungleichung mit zwei Variablen und die Lösungsmenge eines linearen Ungleichungssystems mit zwei Variablen graphisch ermitteln. Wirtschaftliche Probleme können Sie mit Hilfe linearer Ungleichungssysteme formalisieren und lösen. Für lineare Optimierungsprobleme können Sie die Gleichung der Zielfunktion und das Ungleichungssystem der Nebenbedingungen entwickeln sowie das Optimum graphisch bestimmen.

4.1 Graphische Lösung linearer Ungleichungen und linearer Ungleichungssysteme mit zwei Variablen

Graphische Darstellung einer linearen Funktion

Um die Lösungsmenge einer linearen Ungleichung mit zwei Varialen oder die Lösungsmenge eines linearen Ungleichungssystems mit zwei Variablen graphisch ermitteln zu können, müssen Sie die graphische Darstellung einer linearen Funktion anwenden.

Beispiel:

Ein Unternehmen produziert auf zwei verschiedenen Maschinen M_1 und M_2 zwei verschiedene Erzeugnisse E_1 und E_2. Die benötigte Maschinenzeit (in Stunden h) pro Mengeneinheit ME jedes Erzeugnisses und die insgesamt zur Verfügung stehende Maschinenzeit sind der folgenden Tabelle zu entnehmen:

Maschinenzeit pro ME	$E_1 \left(\text{in } \dfrac{h}{ME} \right)$	$E_2 \left(\text{in } \dfrac{h}{ME} \right)$	Gesamte Maschinenzeit (in h)
Maschine M_1	4	2	30
Maschine M_2	3	6	36

a) Ermitteln Sie mindestens fünf Mengeneinheiten, die von E_1 und E_2 hergestellt werden können, wenn nur Maschine M_1 in Betrieb ist. Ermitteln Sie jeweils die Maschinenzeit von M_1, die nicht genutzt wird.

b) Ermitteln Sie mindestens fünf Mengeneinheiten, die von E_1 und E_2 hergestellt werden können, wenn nur Maschine M_2 in Betrieb ist. Ermitteln Sie jeweils die Maschinenzeit von M_2, die nicht genutzt wird.

c) Ermitteln Sie mindestens fünf Mengeneinheiten, die von E_1 und E_2 hergestellt werden können, wenn die Maschinen M_1 und M_2 gleichzeitig in Betrieb sind. Ermitteln Sie jeweils die Maschinenzeiten von M_1 und M_2, die nicht genutzt werden.

d) Ermitteln Sie mindestens fünf Mengeneinheiten, die von E_1 und E_2 hergestellt werden können, wenn die zusätzliche Forderung erhoben wird, daß das Unternehmen mindestens zwei Mengeneinheiten von den Erzeugnissen produzieren muß.

Lösung:

Gegeben:
a_{11}: Maschinenzeit von M_1 für 1 ME von E_1, $a_{11} = 4$ (in h/ME)
a_{12}: Maschinenzeit von M_1 für 1 ME von E_2, $a_{12} = 2$ (in h/ME)
a_{21}: Maschinenzeit von M_2 für 1 ME von E_1, $a_{21} = 3$ (in h/ME)
a_{22}: Maschinenzeit von M_2 für 1 ME von E_2, $a_{22} = 6$ (in h/ME)
b_1: gesamte Maschinenzeit von Maschine M_1, $b_1 = 30$ (in h)
b_2: gesamte Maschinenzeit von Maschine M_2, $b_2 = 36$ (in h)

Gesucht: x_1: Anzahl der produzierten Erzeugnisse von E_1 (in ME)
x_2: Anzahl der produzierten Erzeugnisse von E_2 (in ME)
x_3: Maschinenzeit von M_1, die nicht genutzt werden kann.
x_4: Maschinenzeit von M_2, die nicht genutzt werden kann.

Lösung:
a) Für Maschine M_1 gilt folgende lineare Ungleichung mit den beiden Variablen x_1 und x_2 bezüglich des Engpaßfaktors „Maschinenzeit":

$$(1): \quad a_{11} * x_1 + a_{12} * x_2 \leq b_1 \quad \text{für } x_1 \geq 0 \quad \text{und} \quad x_2 \geq 0$$
$$(1): \quad 4 * x_1 + 2 * x_2 \leq 30 \quad \text{für } x_1 \geq 0 \quad \text{und} \quad x_2 \geq 0$$

Zur graphischen Ermittlung der Lösungsmenge ist es zweckmäßig, die zugehörige Gleichung (1') mit zwei Variablen als Funktionsgleichung zu betrachten.

$$(1'): \quad 4 * x_1 + 2 * x_2 = 30 \quad \text{für } x_1 \geq 0 \quad \text{und} \quad x_2 \geq 0$$

x_1 sei die unabhängige Variable und x_2 sei die abhängige Variable. Zur graphischen Darstellung der linearen Funktion

$$f_{(1')}: \quad x_1 \rightarrow x_2$$

ist es zweckmäßig, die Funktionsgleichung nach der abhängigen Variablen x_2 aufzulösen. Die Funktionsgleichung lautet somit:

$$f_{(1')}: \quad x_2 = -2 * x_1 + 15$$

Für die Definitionsmenge und die Wertemenge dürfen nur nichtnegative reelle Zahlen gewählt werden, da x_1 und x_2 in Mengeneinheiten gemessen werden. Der Graph dieser Funktion für reelle Argumente ist eine Gerade mit dem Anstieg -2 und dem Schnittpunkt mit der x_2-Achse bei 15. Die Gerade schneidet die x_1-Achse bei 7,5.

Aus Abbildung 26 können alle die geordneten Zahlenpaare abgelesen werden, die die lineare Ungleichung (1) erfüllen. Die Ungleichung (1) ist erfüllt für alle geordneten Zahlenpaare aus nichtnegativen reellen Zahlen, die auf der Geraden oder unterhalb der Geraden liegen. Für die Lösungsmenge L(1) von Ungleichung (1) gilt:

$$L_{(1)} = \{(x_1, x_2): x_1 \in IR, \ x_2 \in IR, \ x_1 \geq 0, \ x_2 \geq 0, \ x_2 \leq -2 * x_1 + 15\}$$

Die nicht genutzten Maschinenzeiten x_3 lassen sich aus der Gleichung

$$(1''): \ 4 * x_1 + 2 * x_2 + x_3 = 30 \quad \text{mit } x_3 \geq 0$$

ermitteln. Die eingefügte Variable x_3, die die gegebene lineare Ungleichung (1) in eine lineare Gleichung überführt, wird als Schlupfvariable bezeichnet. **Schlupfvariable**

x_1	0	2	2,5	3	4	7	7,5	0
x_2	10	9	7	5	3,5	0,2	0	15
x_3	10	4	6	8	7	1,6	0	0

b) Die Ungleichung, die den Engpaß bezüglich der Maschinenzeit von Maschine M_2 formalisiert lautet:

$$(2): \ a_{21} * x_1 + a_{22} * x_2 \leq b_2 \quad \text{für} \quad x_1 \geq 0 \text{ und } x_2 \geq 0$$
$$(2): \ 3 * x_1 + 6 * x_2 \leq 36 \quad \text{für} \quad x_1 \geq 0 \text{ und } x_2 \geq 0$$

Die zugehörige Funktionsgleichung der Funktion $f_{(2')}$ lautet:

$$(2'): \ 3 * x_1 + 6 * x_2 = 36 \quad \text{Die Gleichung } x_2 = -0,5 * x_1 + 6$$

liefert eine Gerade mit dem Anstieg $-0,5$ und dem Schnittpunkt mit der x_2-Achse bei 6. Die Lösungsmenge $L_{(2)}$ der Ungleichung (2) ist die Menge aller geordneten Paare von nichtnegativen reellen Zahlen, die auf der Geraden oder unterhalb der Geraden liegen.

$$L_{(2)} = \{(x_1, x_2): x_1 \in IR, \ x_2 \in IR, \ x_1 \geq 0, \ x_2 \geq 0, \ x_2 \leq -0,5 * x_1 + 6\}$$

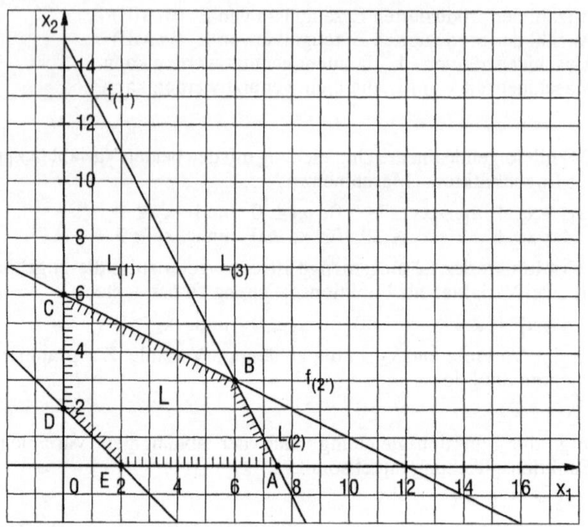

Abbildung 26: Die Menge der zulässigen Lösungen eines linearen
Ungleichungssystems

Aus Ungleichung (2) ergibt sich Gleichung (2″), wenn für die nichtgenutzten
Kapazitäten die freien Maschinenzeiten x_4 von M_2 eingesetzt werden.

$$(2''): 3 * x_1 + 6 * x_2 + x_4 = 36 \qquad \text{für} \qquad x_1 \geq 0, \ x_2 \geq 0, \ x_4 \geq 0$$

Einige Lösungen von Gleichung (2″) sind der folgenden Tabelle zu entnehmen:

x_1	0	3,5	5	8,5	10	12	0
x_2	4	3	2	1	0	0	6
x_4	12	7,5	9	4,5	6	0	0

c) Die Lösungsmenge des linearen Ungleichungssystems (1) und (2) aus zwei
Ungleichungen mit zwei Variablen ergibt sich aus der Durchschnittsmenge der
Lösungsmengen von Ungleichung (1) und Ungleichung (2).

$(1): 4 * x_1 + 2 * x_2 \leq 30 \qquad L_{(1)} = \{(x_1, x_2): x_1 \geq 0, \ x_2 \geq 0, \ x_2 \leq -2 * x_1 + 15\}$
$(2): 3 * x_1 + 6 * x_2 \leq 36 \qquad L_{(2)} = \{(x_1, x_2): x_1 \geq 0, \ x_2 \geq 0, \ x_2 \leq -0,5 * x_1 + 6\}$

$$L_{(1)} \cap L_{(2)} = \{(x_1, x_2): x_1 \geq 0, x_2 \geq 0, x_2 \leq -2 * x_1 + 15 \text{ und } x_2 \leq -0,5 * x_1 + 6\}$$

Die Lösungsmenge $L_{(1)} \cap L_{(2)}$ ist eine nach allen Seiten beschränkte Menge. Die
Eckpunkte des Bereiches der zulässigen Lösungen sind die Punkte $O(0|0)$, $A(7,5|0)$,
$B(6|3)$, $C(0|6)$. Einige Elemente der Lösungsmenge des linearen Ungleichungssystems sind der folgenden Tabelle zu entnehmen.

x_1	2	3,5	5	6	7	7,5
x_2	1	3	3	2	1	0
x_3	20	10	4	2	0	0
x_4	24	7,5	3	6	9	13,5

46

d) Durch die zusätzliche Bedingung für die Produktion der beiden Erzeugnisse entsteht ein lineares Ungleichungssystem aus drei Ungleichungen mit zwei Variablen.

(1): $4 * x_1 + 2 * x_2 \leq 30$ $L_{(1)} = \{(x_1, x_2): x_1 \geq 0, x_2 \geq 0, x_2 \leq -2 * x_1 + 15\}$
(2): $3 * x_1 + 6 * x_2 \leq 36$ $L_{(2)} = \{(x_1, x_2): x_1 \geq 0, x_2 \geq 0, x_2 \leq -0,5 * x_1 + 6\}$
(3): $x_1 + \quad x_2 \geq 2$ $L_{(3)} = \{(x_1, x_2): x_1 \geq 0, x_2 \geq 0, x_2 \geq \quad -x_1 + 2\}$

Die Lösungsmenge der Ungleichung (3) ist die Menge aller geordneten Paare aus nichtnegativen reellen Zahlen, die Elemente der Funktion $x_2 \rightarrow -x_1 + 2$ sind oder oberhalb des Funktionsgraphen liegen. Der Bereich der zulässigen Lösungen des linearen Ungleichungssystems ergibt sich aus der Durchschnittsmenge der drei Lösungsmengen $L = L_{(1)} \cap L_{(2)} \cap L_{(3)}$. Er ist begrenzt durch die Eckpunkte des Bereiches der zulässigen Lösungen $A(7,5\,|\,0)$, $B(6\,|\,3)$, $C(0\,|\,6)$, $D(0\,|\,2)$ und $E(2\,|\,0)$. In Abbildung 26 ist der Bereich der zulässigen Lösungen schraffiert gezeichnet.

x_1	0	1	2	6	6	6	7	7,5
x_2	6	1	3	1	2	3	1	0
x_3	18	24	18	4	2	0	0	0
x_4	0	27	12	12	6	0	9	13,5

4.2 Grundaufgabe der linearen Optimierung

In der Betriebswirtschaft tritt immer wieder die Aufgabe auf, die zur Verfügung stehenden Ressourcen optimal einzusetzen. Durch die Steuerung der in einem Unternehmen ablaufenden Prozesse gibt es unterschiedliche Realisierungsmöglichkeiten dieser Prozesse. Es ist Aufgabe der Optimierung, die Realisierungsbedingung zu ermitteln, die zu einem optimalen Ergebnis führt. Bei der Formulierung von linearen Optimierungsaufgaben wird davon ausgegangen, daß sich die unterschiedlichen Realisierungsbedingungen durch lineare Gleichungs- oder Ungleichungssysteme mit endlich vielen Variablen formalisieren lassen. Das Kriterium für die optimale Realisierungsmöglichkeit soll in Form einer linearen Funktion der eingeführten endlich vielen Variablen dargestellt werden. Um eine typische lineare Optimierungsaufgabe, die aus einer zu optimierenden linearen Zielfunktion mit n Variablen und einem System aus linearen Gleichungen oder Ungleichungen mit n Variablen besteht, aus tatsächlichen Unternehmensprozessen ableiten zu können, sind starke Vereinfachungen der Realität erforderlich. Die allgemeine Beschreibung eines Problems der linearen Optimierung kann in die folgende mathematische Form überführt werden:

Es ist der größte Funktionswert (oder der kleinste Funktionswert) einer linearen Funktion Z mit den n Variablen $x_1, x_2, x_3, \ldots, x_n$ zu bestimmen:

$$Z: (x_1, x_2, x_3, \ldots, x_n) \rightarrow Z(x_1, x_2, x_3, \ldots, x_n) = z_1 * x_1 + z_2 * x_2 + z_3 * x_3 + \ldots + z_n * x_n$$

Dabei müssen die Variablen $x_1, x_2, x_3, \ldots, x_n$ den m Nebenbedingungen

(1): $a_{11} * x_1 + a_{12} * x_2 + a_{13} * x_3 + \ldots + a_{1n} * x_n \leq b_1$
(2): $a_{21} * x_1 + a_{22} * x_2 + a_{23} * x_3 + \ldots + a_{2n} * x_n \leq b_2$
....
....
(m): $a_{m1} * x_1 + a_{m2} * x_2 + a_{m3} * x_3 + \ldots + a_{mn} * x_n \leq b_m$

genügen und die Nichtnegativitätsbedingungen erfüllen, das heißt

$$x_1 \geq 0, \quad x_2 \geq 0, \quad x_3 \geq 0, \ldots, \quad x_n \geq 0$$

Mathematische
Form eines
Problems der
linearen
Optimierung

Bezeichnungen

Z : Zielfunktion der linearen Optimierungsaufgabe
$z_1, z_2, z_3, \ldots, z_n$: Koeffizienten der linearen Zielfunktion
$a_{ij}, i = 1, 2, \ldots, m, \quad j = 1, 2, \ldots, n$: Koeffizienten der Nebenbedinungen
$b_1, b_2, \ldots, b_m$: Beschränkungszahlen oder Kapazitäten
Das Ungleichungssystem (1), (2), ..., (m) und die Nichtnegativitätsbedingungen für die Variablen werden als Restriktionen bezeichnet.
Der größte Funktionswert der Zielfunktion, deren Variablen die Restriktionen erfüllen, heißt Maximum der Zielfunktion
Der kleinste Funktionswert der Zielfunktion, deren Variablen die Restriktionen erfüllen, heißt Minimum der Zielfunktion.

Definition

Ein Element $(x_1, x_2, x_3, \ldots, x_n)$ heißt zulässige Lösung der linearen Optimierungsaufgabe genau dann, wenn es sämtliche Nebenbedingungen (1), (2), ..., (m) der linearen Optimierungsaufgabe in wahre Aussagen überführt und die Nichtnegativitätsbedingungen erfüllt sind.

Optimaler
Funktionswert

Die zulässigen Lösungen entsprechen damit den Realisierungsmöglichkeiten der vorgegebenen praktischen Aufgabe. Die Menge aller zulässigen Lösungen bildet die Definitionsmenge der Zielfunktion. Jeder zulässigen Lösung $(x_1, x_2, x_3, \ldots, x_n)$ entspricht ein bestimmter Funktionswert $Z(x_1, x_2, x_3, \ldots, x_n)$ der Zielfunktion. Die Grundaufgabe der linearen Optimierung erfordert es, in der Menge der zulässigen Lösungen diejenigen zu bestimmen, für die die Zielfunktion einen optimalen Funktionswert besitzt.

Definition

Eine zulässige Lösung $(x_1{}^*, x_2{}^*, x_3{}^*, \ldots, x_n{}^*)$ einer linearen Optimierungsaufgabe heißt optimale Lösung der linearen Optimierungsaufgabe genau dann, wenn die Zielfunktion für $(x_1{}^*, x_2{}^*, x_3{}^*, \ldots, x_n{}^*)$ den größten (oder kleinsten) Funktionswert annimmt.

Optimale
Lösung

Ist das Maximum einer Zielfunktion gesucht, so ist die zulässige Lösung $(x_1{}^*, x_2{}^*, \ldots, x_n{}^*)$ eine optimale Lösung, wenn für jedes Element $(x_1, x_2, x_3, \ldots, x_n)$ der Menge der zulässigen Lösungen die folgende Ungleichung erfüllt ist:

$$Z(x_1, x_2, x_3, \ldots, x_n) \leq Z(x_1{}^*, x_2{}^*, x_3{}^*, \ldots, x_n{}^*)$$

Ist das Minimum einer Zielfunktion gesucht, so ist die zulässige Lösung $(x_1{}^*, x_2{}^*, \ldots, x_n{}^*)$ eine optimale Lösung, wenn für jedes Element $(x_1, x_2, x_3, \ldots, x_n)$ der Menge der zulässigen Lösungen die folgende Ungleichung erfüllt ist:

$$Z(x_1{}^*, x_2{}^*, x_3{}^*, \ldots, x_n{}^*) \leq Z(x_1, x_2, x_3, \ldots, x_n)$$

Bewertung
einer
zulässigen
Lösung

Durch die Zielfunktion wird jeder zulässigen Lösung der linearen Optimierungsaufgabe eine gewisse Bewertung gegeben. Bei einer Maximumaufgabe ist eine zulässige Lösung desto besser, je größer der zugehörige Funktionswert der Zielfunktion ist. Bei einer Minimumaufgabe ist eine zulässige Lösung desto besser, je kleiner der zugehörige Funktionswert der Zielfunktion ist. Die Lösung einer linearen Optimierungsaufgabe erfordert zunächst die Prüfung, ob die Zielfunktion unter den gegebenen Nebenbedingungen ein Maximum (oder ein Minimum) besitzt. Ist dies der Fall, so müssen die optimalen Lösungen der Optimierungsaufgabe und der dazugehörige Funktionswert der Zielfunktion bestimmt werden. In diesem Studientext werden wir nur lineare Optimierungsaufgaben mit zwei Variablen behandeln.

48

Die zu lösende Grundaufgabe lautet demzufolge: Es ist der größte (oder kleinste) Funktionswert der Zielfunktion zu bestimmen:

$$Z: (x_1, x_2) \rightarrow Z(x_1, x_2) = z_1 * x_1 + z_2 * x_2$$

Für die Variablen x_1, x_2 gelten die folgenden Restriktionen:

(1) $a_{11} * x_1 + a_{12} * x_2 \leq b_1$
(2) $a_{21} * x_1 + a_{22} * x_2 \leq b_2$
....
....
(m) $a_{m1} * x_1 + a_{m2} * x_2 \leq b_m$

und die Nichtnegativitätsbedingung $x_1 \geq 0$, $x_2 \geq 0$.

Zur numerischen Lösung dieser linearen Optimierungsaufgabe wird das Ungleichungssystem der Nebenbedingungen durch Einführung sogenannter Schlupfvariablen in ein Gleichungssystem von Nebenbedingungen überführt. Die lineare Optimierungsaufgabe hat dann die folgende Grundform: Es ist der größte (oder kleinste) Funktionswert der Zielfunktion zu bestimmen:

$$Z: (x_1, x_2) \rightarrow Z(x_1, x_2) = z_1 * x_1 + z_2 * x_2$$

Für die Variablen x_1, x_2 gelten die folgenden Restriktionen:

(1) $a_{11} * x_1 + a_{12} * x_2 + x_3 \quad\;\; = b_1$
(2) $a_{21} * x_1 + a_{22} * x_2 \quad\;\; + x_4 = b_2$
....
....
(m) $a_{m1} * x_1 + a_{m2} * x_2 + x_{2+m} \;\; = b_m$

und die Nichtnegativitätsbedingung $x_1 \geq 0$, $x_2 \geq$, $x_3 \geq 0, \ldots,$ $x_{2+m} \geq 0$.

Die Schlupfvariablen $x_3, x_4, \ldots, x_{2+m}$ besitzen natürlich eine ökonomische Bedeutung. Ist (x_1, x_2) eine zulässige Lösung der linearen Optimierungsaufgabe, so geben die Schlupfvariablen $(x_3, x_4, \ldots, x_{2+m})$ die freien Kapazitäten an. Der Algorithmus zur rechnerischen Lösung dieser linearen Optimierungsaufgabe ist nicht Gegenstand dieses Studientextes. Dafür gibt es auch vielfältige Anwendersoftware.

4.3 Graphische Lösung linearer Optimierungsprobleme

In diesem Abschnitt soll das Beispiel aus Abschnitt 4.1 genutzt werden, um Ihnen zu zeigen, wie lineare Optimierungsaufgaben graphisch gelöst werden können. Die Restriktionen sind somit durch das lineare Ungleichungssystem:

(1) $a_{11} * x_1 + a_{12} * x_2 \leq b_1$ (1) $4 * x_1 + 2 * x_2 \leq 30$
(2) $a_{21} * x_1 + a_{22} * x_2 \leq b_2$ (2) $3 * x_1 + 6 * x_2 \leq 36$
(3) $a_{31} * x_1 + a_{32} * x_2 \leq b_3$ (3) $- x_1 - \quad x_2 \leq -2$

bzw. das Gleichungssystem:

(1) $4 * x_1 + 2 * x_2 + x_3 \quad\quad = 30$
(2) $3 * x_1 + 6 * x_2 \quad\; + x_4 \quad = 36$
(3) $- x_1 \quad\;\; - x_2 \quad\quad + x_5 = -2$

und die Nichtnegativitätsbedingungn $x_1 \geq 0$, $x_2 \geq 0$, $x_3 \geq 0$, $x_4 \geq 0$, $x_5 \geq 0$ festgelegt.

Die Menge der zulässigen Lösungen der linearen Optimierungsaufgabe ist in Abbildung 26 schraffiert gekennzeichnet. In dem folgenden Beispiel wird als Zielkriterium die Erzielung eines maximalen Erlöses beim Umsatz der produzierten Erzeugnisse gewählt. Die unterschiedlichen Fälle, die bei der Lösung der linearen Optimierungsaufgabe auftreten können, werden durch die unterschiedliche Wahl der Preise der abzusetzenden Erzeugnisse demonstriert. In den Beispielen wird davon ausgegangen, daß Angebot und Nachfrage nach den Erzeugnissen übereinstimmen.

Beispiel:
Für die Preise der abzusetzenden Erzeugnisse gelten die folgenden Festlegungen:
a) Der Preis für eine Mengeneinheit von Erzeugnis E_1 beträgt $z_1 = 1$ (TDM/ME) und für eine Mengeneinheit von Erzeugnis E_2 beträgt der Preis $z_2 = 1$ (TDM/ME).
b) Als Preis für E_1 wurde festgelegt $z_1 = 3$ (TDM/ME) und für E_2 wurde festgelegt $z_2 = 1$ (TDM/ME).
c) Der Preis für E_1 beträgt $z_1 = 1$ (TDM/ME) und der Preis für E_2 beträgt $z_2 = 4$ (TDM/ME).
d) Es gelte $z_1 = 1$ (TDM/ME) und $z_2 = 2$ (TDM/ME).

Ermitteln Sie für jeden Fall a), b), c) und d) die Zielfunktion. Geben Sie die Werte der Zielfunktion für die in Abschnitt 4.1 ermittelten zulässigen Lösungen der linearen Optimierungsaufgabe an. Ermitteln Sie graphisch die optimale Lösung der linearen Optimierungsaufgabe. Wie groß ist jeweils der maximale Erlös? Welche Kapazitäten werden nicht genutzt?

Lösung:
a) $Z: (x_1, x_2) \rightarrow z_1 * x_1 + z_2 * x_2 = x_1 + x_2 \qquad Z(x_1, x_2) \rightarrow$ Maximum

x_1	0	1	2	6	6	6	7	7,5
x_2	6	1	3	1	2	3	1	0
x_3	18	24	18	4	2	0	0	0
x_4	0	27	12	12	6	0	9	13,5
$Z(x_1,x_2)$	6	2	5	7	8	9	8	7,5

Zur graphischen Lösung der linearen Optimierungsaufgabe muß der Graph der Zielfunktion in das rechtwinklige Koordinatensystem, in dem die Menge der zulässigen Lösungen dargestellt ist, eingezeichnet werden. Es ist zweckmäßig, die geordneten Zahlenpaare zu bestimmen, für die die Zielfunktion den Funktionswert $Z(x_1, x_2) = 0$ besitzt. Für die Preise von Fall a) gilt somit die Gleichung

$$x_1 + x_2 = 0 \qquad \text{beziehungsweise} \qquad x_2 = -x_1.$$

Ein Graph der Zielfunktion ist eine Gerade durch den Koordinatenursprung mit dem Anstieg -1 (siehe Abbildung 27—1). Um den größten Funktionswert der Zielfunktion über der Menge der zulässigen Lösungen zu ermitteln, muß der Graph der Zielfunktion in eine bestimmte Richtung verschoben werden. Die Richtung ergibt sich aus den Koeffizienten der Zielfunktion $(z_1, z_2) = (1, 1)$. Ein Richtungspfeil steht stets senkrecht auf dem Graphen der Zielfunktion. In diesem Falle kann man vom Koordinatenursprung eine Einheit in x_1-Richtung und eine Einheit in x_2-Richtung gehen, um einen Richtungspfeil zeichnen zu können. Ein Graph der Zielfunktion wird bis an den äußersten Rand der Menge der zulässigen Lösungen verschoben. Als optimale Lösung ergibt sich der Eckpunkt der Menge er zulässigen Lösungen B (6|3). Der optimale Funktionswert der Zielfunktion beträgt dann $Z(x_1^*, x_2^*) = 9$ (in TDM). Die Maschinenzeiten von Maschine M_1 und von M_2 sind voll ausgeschöpft (siehe Abbildung 27—1).

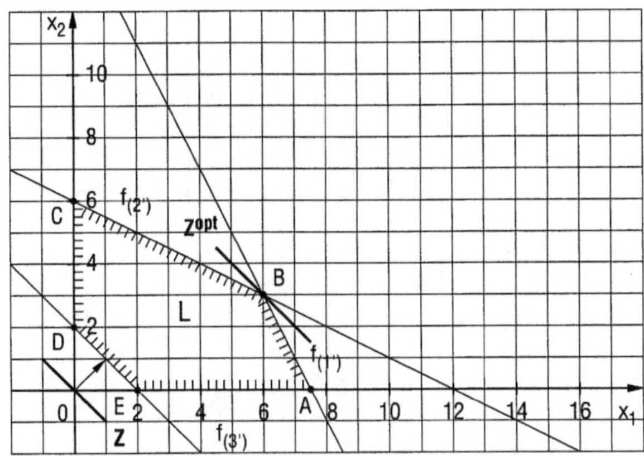

Abbildung 27—1: Graphische Lösung einer linearen Optimierungsaufgabe

b) $Z: (x_1, x_2) \rightarrow Z(x_1, x_2) = 3 * x_1 + x_2 \qquad Z(x_1, x_2) \rightarrow$ Maximum

x_1	0	1	2	6	6	6	7	7,5
x_2	6	1	3	1	2	3	1	0
x_3	18	24	18	4	2	0	0	0
x_4	0	27	12	12	6	0	9	13,5
$Z(x_1,x_2)$	6	4	9	19	20	21	22	22,5

$Z(x_1, x_2) = 0$ genau dann, wenn $3 * x_1 + x_2 = 0$ beziehungsweise $x_2 = -3 * x_1$.
Ein Graph der Zielfunktion verläuft durch den Koordinatenursprung und hat den
Anstieg -3 (vergleiche Abildung 27—2). Der Richtungspfeil für die Verschiebung
des Graphen der Zielfunktion steht senkrecht auf dem Graphen von Z und kann
gezeichnet werden, indem vom Koordinatenursprung drei Einheiten in x_1-Richtung
und 1 Einheit in x_2-Richtung gezeichnet werden. Wird der Graph der Zielfunktion
bis an den Rand der Menge der zulässigen Lösungen verschoben, so ergibt sich als
optimale Lösung der Eckpunkt der Menge der zulässigen Lösungen A(7,5|0). Der
optimale Funktionswert der Zielfunktion beträgt dann:
$Z(x_1^*, x_2^*) = 3 * 7,5 + 0 = 22,5$ (TDM). Die Maschinenzeit von Maschine M_1 ist
voll ausgeschöpft. Maschine M_2 kann noch 13,5 Stunden für weitere Arbeiten
eingesetzt werden.

c) $Z: (x_1, x_2) \rightarrow Z(x_1, x_2) = x_1 + 4 * x_2 \qquad Z(x_1, x_2) \rightarrow$ Maximum
$Z(x_1, x_2) = 0$ genau dann, wenn $x_1 + 4 * x_2 = 0$ beziehungsweise $x_2 = -0,25 * x_1$

Ein Graph der Zielfunktion Z ist eine Ursprungsgerade mit dem Anstieg $-0,25$. Der
Richtungspfeil ergibt sich aus den Koeffizienten der Zielfunktion $(z_1, z_2) = (1,4)$.
Wird im Koordinatenursprung eine Einheit in x_1-Richtung und vier Einheiten in x_2-
Richtung gezeichnet, so entsteht ein Pfeil, der senkrecht auf dem Graphen der
Zielfunktion steht (vergleiche Abbildung 27—3). Wird der Graph von Z bis an den
Rand der Menge der zulässigen Lösung verschoben, so erhält man die optimale
Lösung der linearen Optimierungsaufgabe $(x_1^*, x_2^*) = (0,6)$. Der optimale
Funktionswert der Zielfunktion beträgt $Z(x_1^*, x_2^*) = 24$ (TDM). Die Maschine M_1
besitzt noch 18 Stunden freie Maschinenkapazitäten, während Maschine M_2 voll
ausgelastet ist.

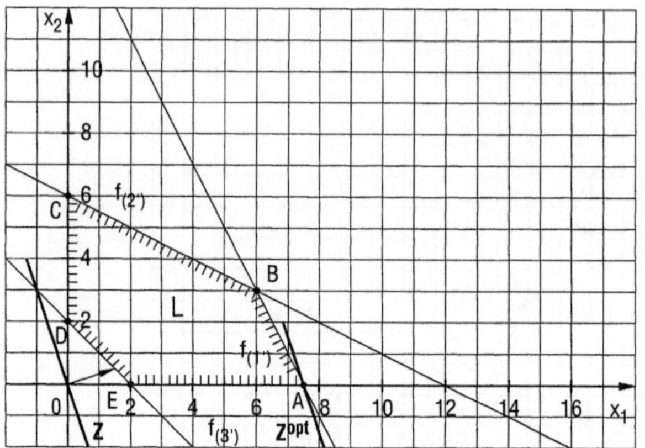

Abbildung 27—2: Graphische Lösung einer linearen Optimierungsaufgabe

x_1	0	1	2	6	6	6	7	7,5
x_2	6	1	3	1	2	3	1	0
x_3	18	24	18	4	2	0	0	0
x_4	0	27	12	12	6	0	9	13,5
$Z(x_1,x_2)$	24	5	14	10	14	18	11	7,5

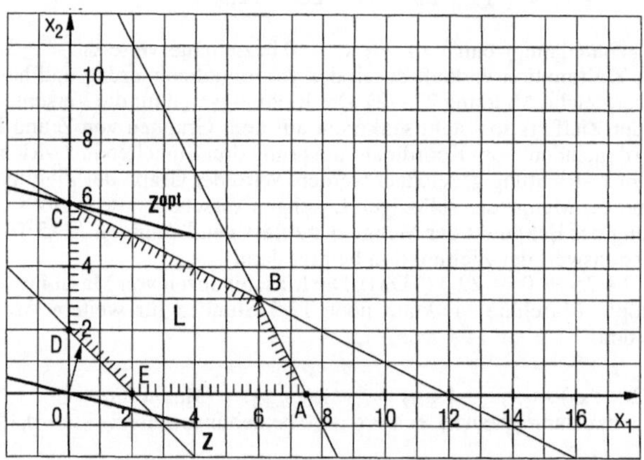

Abbildung 27—3: Graphische Lösung einer linearen Optimierungsaufgabe

d) $Z: (x_1, x_2) \rightarrow Z(x_1, x_2) = x_1 + 2 * x_2$ $Z(x_1, x_2) \rightarrow$ Maximum
$Z(x_1, x_2) = 0$ genau dann, wenn $x_1 + 2 * x_2 = 0$ beziehungsweise $x_2 = -0,5 * x_1$.

Der Richtungspfeil für die Verschiebung des Graphen der Zielfunktion steht
senkrecht auf dem Graphen von Z und kann im Koordinatenursprung gezeichnet
werden, indem in x_1-Richtung eine Einheit und in x_2-Richtung zwei Einheiten
gezeichnet werden (vergleiche Abbildung 27—4). Wird der Graph von Z bis an den
Rand der Menge der zulässigen Lösungen verschoben, so ergibt sich eine unendliche
Menge von optimalen Lösungen der linearen Optimierungsaufgabe. Dieser Fall tritt

ein, da die Koeffizienten der Zielfunktion $(z_1, z_2) = (1, 2)$ ein Vielfaches der Koeffizienten der zweiten Ungleichung $(a_{21}, a_{22}) = (3, 6)$ sind. Die unendliche Menge der optimalen Lösungen besteht aus allen geordneten Paaren nichtnegativer reeller Zahlen, die auf dem Graphen der Funktion $f_{(2)}$: $x_1 \rightarrow x_2 = -0{,}5 * x_1 + 6$ zwischen den Eckpunkten der Menge der zulässigen Lösungen B(6|3), C(0|6) liegen.

$$L^{opt} = \{(x_1, x_2): 0 \leq x_1 \leq 6 \quad \text{und} \quad x_2 = -0{,}5 * x_1 + 6\}$$

In der folgenden Tabelle sind nur optimale Lösungen der linearen Optimierungsaufgabe angegeben.

x_1	0,5	1	1,5	2	2,5	3	5	5,5
x_2	5,75	5,5	5,25	5	4,75	4,5	3,5	3,25
x_3	16,5	15	13,5	12	10,5	15	3	1,5
x_4	0	0	0	0	0	0	0	0
$Z(x_1,x_2)$	12	12	12	12	12	12	12	12

Für alle optimalen Lösungen ist der optimale Funktionswert der Zielfunktion $Z(x_1{}^*, x_2{}^*) = 12$ (TDM). In allen Fällen sind die Maschinenzeiten der Maschine M_2 voll genutzt worden. Die jeweiligen freien Kapazitäten von Maschine M_1 sind aus der dritten Zeile der Tabelle abzulesen.

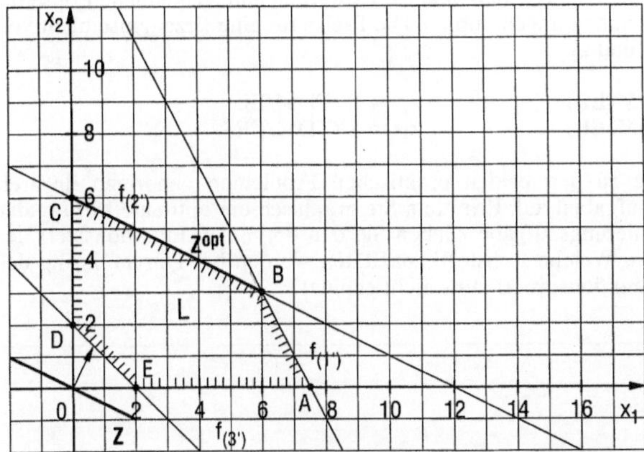

Abbildung 27—4: Graphische Lösung einer linearen Optimierungsaufgabe

10. Ein Unternehmen produziert zwei verschiedene Erzeugnisse E_1 und E_2 und benötigt dafür zwei verschiedene Rohstoffe R_1 und R_2. Die beiden Rohstoffe stehen aber nur in begrenztem Umfang zur Verfügung. Von R_1 sind insgesamt 320 Rohstoffeinheiten (RE) und von R_2 insgesamt 180 Rohstoffeinheiten (RE) verfügbar.

    Die sogenannten Rohstoffeinsatzkoeffizienten, die angeben, wieviel Rohmaterial einer bestimmten Sorte für die Herstellung einer Erzeugniseinheit (EE) eines bestimmten Erzeugnisses verwendet werden müssen, sind der folgenden Tabelle zu entnehmen:

Rohstoffeinsatz	E_1 (in RE/EE)	E_2 (in RE/EE)	Verfügbare Kapazitäten (in RE)
Rohstoff R_1	24	32	320
Rohstoff R_2	10	20	180

    Es werden nur die Erzeugniseinheiten produziert, die auch abgesetzt werden können. Damit Angebot und Nachfrage stets übereinstimmen, müssen mindestens drei Erzeugniseinheiten hergestellt werden. Das Unternehmen möchte einen Produktionsplan aufstellen, bei dessen Realisierung der Erlös beim Umsatz seiner Erzeugnisse maximal ist. Es werden unterschiedliche Preise für eine Erzeugniseinheit angenommen. Die Preise für eine Erzeugniseinheit von E_1 betragen z_1 und z_2.

    a) $z_1 = 5$ (TDM/EE) $\qquad\qquad$ $z_2 = 8$ (TDM/EE)
    b) $z_1 = 4$ (TDM/EE) $\qquad\qquad$ $z_2 = 8$ (TDM/EE)

    Stellen Sie die zu den beiden praktischen Problemen gehörigen linearen Optimierungsaufgaben auf. Ermitteln Sie graphisch die optimale Lösung der linearen Optimierungsaufgabe. Geben Sie den optimalen Funktionswert der Zielfunktion an. Welche Rohstoffkapazitäten wurden bei Durchführung des optimalen Produktionsprogramms nicht genutzt?

Lösungen der Aufgaben zur Selbstüberprüfung

1. a) g ist keine Funktion, denn es gibt das Argument x = 3, dem mehr als ein Bild
   zugeordnet ist. $(3, 2) \in g$ und $(3, -2) \in g$.

   b) h ist eine Funktion. Jedem $x \in IR$ wird eindeutig ein $y \in IR$ zugeordnet. Die Funktion
   h ist nicht eineindeutig, denn es gibt die geordneten Zahlenpaare $(3, 6) \in h$ und
   $(-3, 6) \in h$, so daß zwei verschiedenen Argumenten der gleiche Funktionswert
   zugeordnet ist.

   c) i ist eine eineindeutige Funktion, denn zu jedem $x \in IR$ gibt es genau ein $y \in IR$ und zu
   jedem $y \in IR$ gibt es genau ein $x \in IR$.

2. 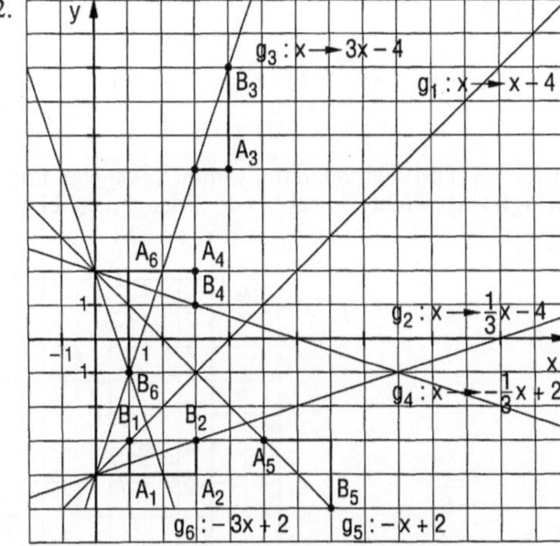

3. a) $g_3(x) = 0$ genau dann, wenn $3 * x - 4 = 0$. $3 * x - 4 = 0$ genau dann,
   wenn $x = \dfrac{4}{3}$.

   $g_4(x) = 0$ genau dann, wenn $-\dfrac{1}{3} * x + 2 = 0$. $-\dfrac{1}{3} * x + 2 = 0$ genau dann,
   wenn $x = 6$.

   b) $g_3(x) = 8$ genau dann, wenn $3 * x - 4 = 8$. $3 * x - 4 = 8$ genau dann,
   wenn $x = 4$.

   c) $g_3(x) = g_4(x)$ genau dann, wenn $3 * x - 4 = -\dfrac{1}{3} * x + 2$ bzw. $x = 1,8$.

   $$g_3(1,8) = g_4(1,8) = 1,4$$

4.

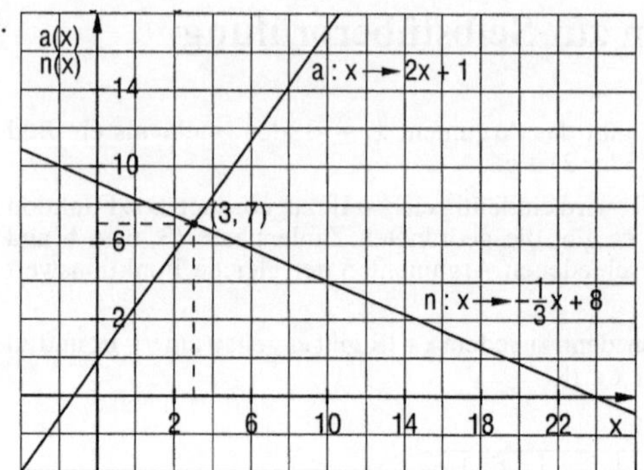

$n(x) = a(x)$ genau dann, wenn $-\dfrac{1}{3} * x + 8 = 2 * x + 1$ bzw. $x = 3$.

$n(x) = a(x) = p = 7.$

Wenn der Preis pro Mengeneinheit $p = 7$ (DM) beträgt, dann stimmen Angebot und Nachfrage überein. Es herrscht Marktgleichgewicht. Es werden drei Mengeneinheiten angeboten und nachgefragt.

5. a) $K(x) = k(x) * x + F$
    $K(x) = 3 * x + 6$

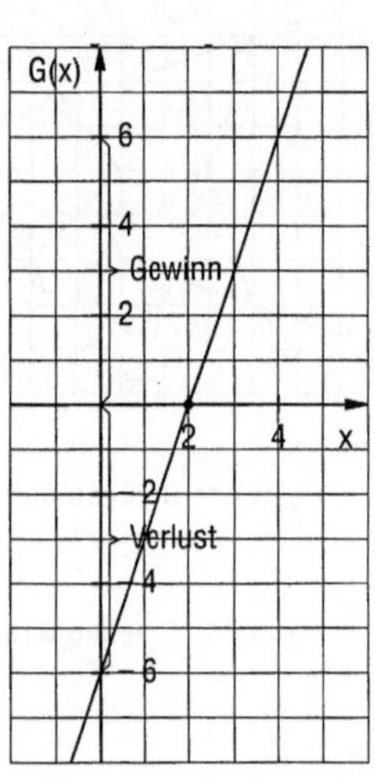

  b) $E(x) = p * y$
    $E(x) = 6 * x$

  c) $G(x) = E(x) - K(x)$
    $G(x) = 6 * x - (3 * x + 6) = 3 * x - 6$

  d) $G(x) = 0$ genau dann, wenn $3 * x - 6 = 0$
    bzw. $x = 2$.
    Wenn $x = 2$, dann $E(x) = K(x)$.
    Die Koordinaten des Break-Even-Punktes: $(2|0)$.

  e) $E(x) = p * x = 6 * x$ $E(2) = 12$
    Der Break-Even-Erlös beträgt 12 DM.
    Die Break-Even-Kosten betragen ebenfalls 12 DM.

6. Ermittlung der Scheitelpunktform der Funktionsgleichung:

$$f(x) = x^2 - 4x - 5 = [x^2 - 4x] - 5 = [(x^2 - 4x + 4) - 4] - 5 = (x - 2)^2 - 9$$

Scheitelpunkt des Graphen von f: $S(2 \mid -9)$
Nullstellen von f: $f(x_0) = 0$ genau dann, wenn $(x_0 - 2)^2 - 9 = 0$.

$$(x_0 - 2)^2 = 9 \text{ genau dann, wenn } (x_0 - 2) = 3 \text{ oder } (x_0 - 2) = -3$$
$$\text{bzw. } x_0 = 5 \text{ oder } x_0 = -1.$$

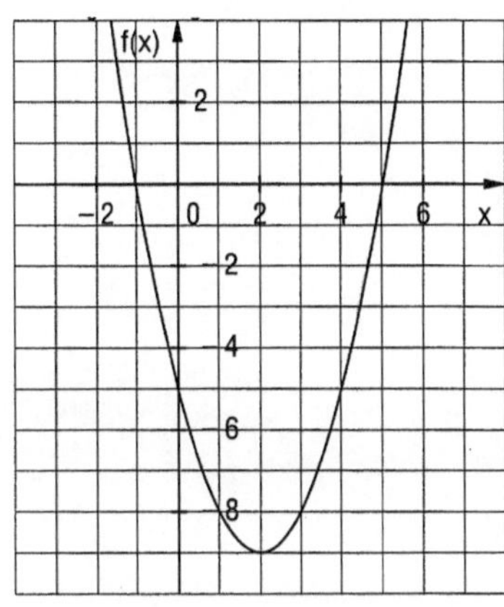

7. $K(x) = 2 * x^2$
$K(x + 0,01 * x) = 2 * (x + 0,01 * x)^2 = 2 * (1,01 * x)^2$
$K(x + 0,01 * x) = 2 * 1,0201 * x^2 = 2,0402 * x^2 = 2 * x^2 + 0,0402 * x^2$
$K(x + 0,01 * x) = K(x) + 0,0402 * x^2$

$$K(x + 0,01 * x) = K(x) + \frac{2,01}{100} * 2 * x^2 = K(x) + \frac{2,01}{100} * K(x)$$

Wenn der Produktionsumfang x um 1 % erhöht wird, dann erhöhen sich die Gesamtkosten um 2,01 %. Der Kostenverlauf ist demzufolge überproportional.

8. $K(x) = x^3 - 600 x^2 + 102\,000 x \qquad 200 \le x \le 500$

a) $k: x \rightarrow k(x) = \dfrac{K(x)}{x} = x^2 - 600 * x + 102\,000 \qquad 200 \le x \le 500$

b) Die Funktionsgleichung der Durchschnittskostenfunktion ist in die Scheitelpunktform zu überführen.

$$k(x) = [(x^2 - 600 * x + 90\,000) - 90\,000] + 102\,000 = (x - 300)^2 + 12\,000.$$

Bei einem Produktionsumfang von 300 Mengeneinheiten sind die Durchschnittskosten minimal. Die minimalen Durchschnittskosten betragen 12 000 DM.
Die zugehörigen Gesamtkosten $K(x) = k(x) * x$ betragen dann 3 600 000 DM.

c) Die maximalen Durchschnittskosten können bei der speziellen Gesamtkostenfunktion nur in den Randpunkten des abgeschlossenen Intervalls $200 \le x \le 500$ liegen.

x in ME	200	500
k(x) in DM/ME	22000	52000

Die Durchschnittskosten sind bei einem Produktionsumfang von 500 ME maximal.
Die zugehörigen Gesamtkosten betragen $K(x) = k(x) * x = 26\,000\,000$ DM.

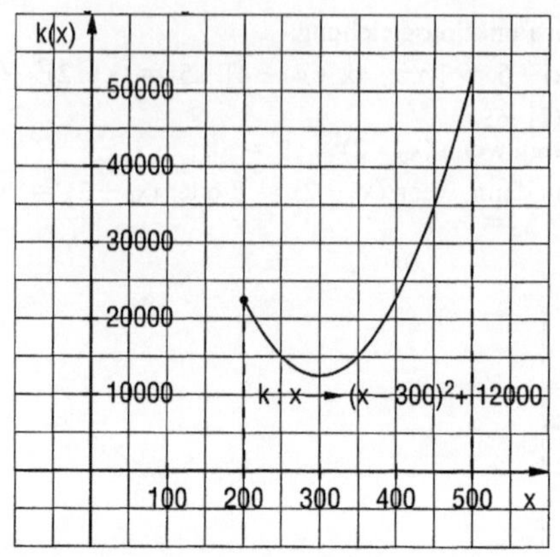

9. $F = 25$ (in TDM)

$$K: x \to K(x) \qquad K(x) = F = 25 \quad 0 \leq x \leq 10$$
$$(x \text{ in ME})$$

$$k: x \to k(x) = \frac{K(x)}{x} = \frac{F}{x} = \frac{25}{x} \quad 0 \leq x \leq 10$$

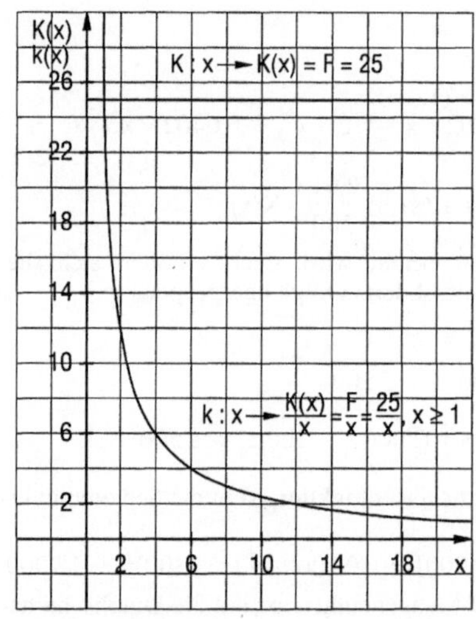

10. a) $Z: (x_1, x_2) \to Z(x_1, x_2) = z_1 * x_1 + z_2 * x_2 = 5 * x_1 + 8 * x_2$
$Z(x_1, x_2) \to$ Maximum

$$
\begin{array}{llll}
(1) \ 24 * x_1 + 32 * x_2 \leq 320 & \text{bzw.} & (1'') \ 24 * x_1 + 32 * x_2 + x_3 & = 320 \\
(2) \ 10 * x_1 + 20 * x_2 \leq 180 & & (2'') \ 10 * x_1 + 20 * x_2 + x_4 & = 180 \\
(3) \quad\ x_1 + \quad\ x_2 \geq 3 & & (3'') \ -x_1 - \quad\ x_2 + x_5 & = -3
\end{array}
$$

Nichtnegitivitätsbedingungen: $x_1 \geq 0, x_2 \geq 0, x_3 \geq 0, x_4 \geq 0, x_5 \geq 0$.

Die zu den Ungleichungen gehörigen Funktionsgleichungen lauten:

$f_{(1')}$: $x_2 = -0,75 * x_1 + 10$

$f_{(2')}$: $x_2 = -0,5 \ * x_1 + \ 9$

$f_{(3')}$: $x_2 = -x_1 + \ 3$.

Die Graphen der drei Funktionen sind in der folgenden Abbildung dargestellt.

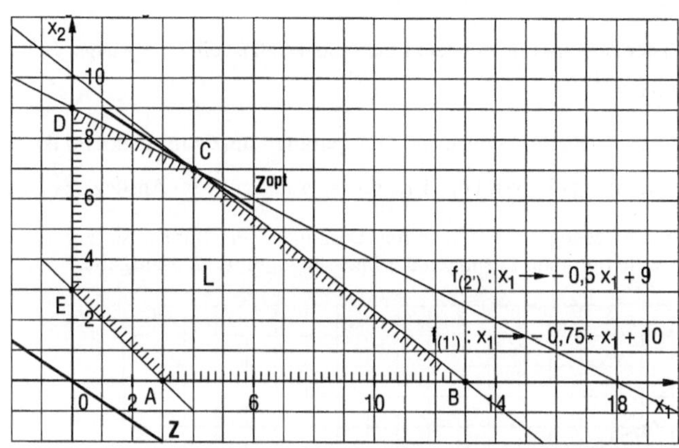

Die Menge der zulässigen Lösungen des linearen Ungleichungssystems unter Einschluß der Nichtnegativitätsbedingungen ergibt sich aus der Durchschnittsmenge der Lösungsmengen der drei Ungleichungen (1), (2), (3).

$L_{(1)} = \{(x_1, x_2): x_1 \geq 0, x_2 \geq 0 \text{ und } x_2 \leq -0,75 * x_1 + 10\}$

$L_{(2)} = \{(x_1, x_2): x_1 \geq 0, x_2 \geq 0 \text{ und } x_2 \leq -0,5 \ * x_1 + \ 9\}$

$L_{(3)} = \{(x_1, x_2): x_1 \geq 0, x_2 \geq 0 \text{ und } x_2 \geq -x_1 + \ 3\}$

$L = L_{(1)} \cap L_{(2)} \cap L_{(3)}$

Die Menge der zulässigen Lösungen ist eine nach allen Seiten beschränkte Menge. Die Eckpunkte der Menge der zulässigen Lösungen sind

$$A\,(3|0), \ B\left(\frac{40}{3}|0\right), \ C\,(4|7), \ D\,(0|9), \ E\,(0|3).$$

In der Abbildung ist die Menge der zulässigen Lösungen schraffiert gekennzeichnet. Die Zielfunktin Z hat den Funktionswert $Z(x_1, x_2) = 0$ genau dann, wenn

$$5 * x_1 + 8 * x_2 = 0 \quad \text{bzw.} \quad x_2 = -\frac{5}{8} * x_1 = -0,625 * x_1.$$

Der Graph einer Zielfunktion ist eine Ursprungsgerade mit dem Anstieg $-\dfrac{5}{8}$.

Ein Richtungspfeil für die Verschiebung des Graphen der Zielfunktion kann im Koordinatenursprung gezeichnet werden, indem in x_1-Richtung 5 Einheiten und in x_2-Richtung 8 Einheiten gezeichnet werden. Beachten Sie, daß der Richtungspfeil immer senkrecht auf dem Graphen einer Zielfunktion steht. Wird der Graph der Zielfunktion bis an den Rand der Menge der zulässigen Lösungen verschoben, so ergibt sich als optimale Lösung der linearen Optimierungsaufgabe
$(x_1{}^*, x_2{}^*) = (4,7)$. Der optimale Funktionswert der Zielfunktion hat dann den Wert:
$Z(x_1{}^*, x_2{}^*) = 5 * x_1{}^* + 8 * x_2{}^* = 76$.

Wenn von dem Erzeugnis E_1 4 Erzeugniseinheiten und von dem Erzeugnis E_2 7 Erzeugniseinheiten hergestellt und abgesetzt werden, dann wird der maximale Erlös in Höhe von 76 DM erzielt. Bei Durchführung des optimalen Produktionsprogrammes wurden die verfügbaren Rohstoffkapazitäten voll ausgeschöpft.

b) $Z: (x_1, x_2) \rightarrow Z(x_1, x_2)$ $\qquad Z(x_1, x_2) = 4 * x_1 + 8 * x_2$ $\qquad Z(x_1, x_2) \rightarrow$ Maximum

Die Zielfunktion Z hat den Funktionswert $Z(x_1, x_2) = 0$ genau dann, wenn

$$4 * x_1 + 8 * x_2 = 0 \quad \text{bzw.} \quad x_2 = -\frac{1}{2} * x_1.$$

Der Graph der Zielfunktion mit dem Funktionswert 0 ist eine Ursprungsgerade mit dem Anstieg $-\frac{1}{2}$.

Die Graphen aller Zielfunktionen verlaufen parallel zum Graphen der Funktion $f_{(2')}$ für die Ungleichung (2). Wird die Ursprungsgerade mit dem Anstieg $-\frac{1}{2}$ bis an den Rand der Menge der zulässigen Lösungen verschoben, so ergeben sich unendlich viele optimale Lösungen der linearen Optimierungsaufgabe.

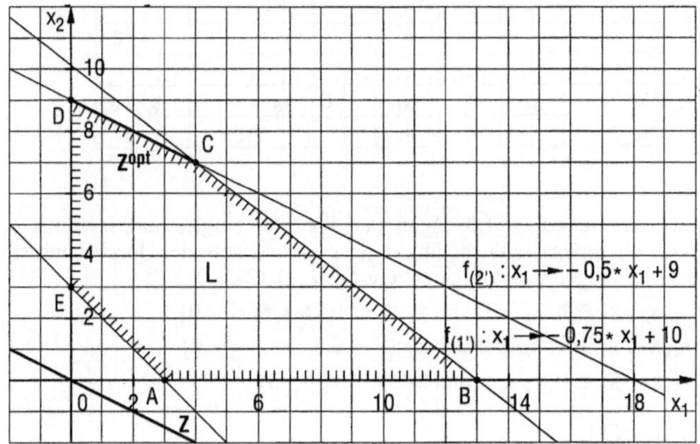

Einige optimale Lösungen und die zugehörigen optimalen Funktionswerte der Zielfunktion sind der folgenden Tabelle zu entnehmen:

$x_1{}^*$	0	0,5	1	1,5	2	2,5	3	3,5	4
$x_2{}^*$	9	8,75	8,5	8,25	8	7,75	7,5	7,25	7
$Z(x_1{}^*, x_2{}^*)$	72	72	72	72	72	72	72	72	72
x_3	32	28	24	20	16	12	8	4	0
x_4	0	0	0	0	0	0	0	0	0

Verzeichnis der Abbildungen

Stichwortverzeichnis